Jean-Charles &
Jean-Claude Arnaud

Nous, les **enfants** de 1946

De la naissance à l'âge adulte

Éditions Wartberg

Mentions légales

Crédits photographiques :

Archives personnelles des auteurs, p. 4, 9, 11-12, 14-15, 17, 20, 22-23, 26-29, 31-32, 35, 38, 40-41, 47, 50, 51b, 53, 54h, 56-57, 63.
D. R., p. 16, 33b.
© Sélection du Reader's Digest, *L'Album des jeunes 1962*, 1962, p. 51h.
© Ullstein bild, p. 7, 10, 18, 30, 33h, 34, 36, 42, 43, 44, 45b, 48, 61, 62 ; Ullstein Bild - Bollmoor, p. 6 ; Ullstein bild – Imagno, p. 13 ; Ullstein Bild - Chronos Media, p. 19 ; Ullstein bild – Oskar Poss, p. 21 ; Ullstein bild – Europress, p. 37 ; Ullstein bild – Metelmann(L), p. 39 ; Ullstein bild – Keystone Pressedienst, p. 45h ; Ullstein bild – AKG Pressebild, p. 49 ; Ullstein bild – Hugo Schmidt-Luc, p. 52 ; Ullstein bild – Schütt, p. 55b ; Ullstein bild – Gert Kreutschman, p. 58 ; Ullstein bild – dpa (85), p. 59.
© Roger-Viollet, p. 25 ; US National Archives / Roger-Viollet, p. 8.

Nous remercions tous les ayants droit pour leur aimable autorisation de reproduction.
Dans le cas où l'un d'eux n'aurait pu être joint, une provision de droits est prévue.

7e édition, 2013

40, rue de l'Échiquier
75010 Paris

Un département de Wartberg Verlag GmbH & Co. KG.
Im Wiesental 1
34281 Gudensberg-Gleichen
Allemagne

Conception graphique : Ravenstein & partenaires, Verden.
Imprimé en Allemagne sur les presses de Thiele & Schwarz, Kassel.

ISBN : 978-3-8313-2546-7

Préface

Chers enfants de 1946,

Nous, les enfants de 1946, qui avons eu dix-huit ans en 1964. Une génération. Dix-huit ans de bouleversements tels que la France en a rarement connu en si peu de temps : « Baby-boom », « Trente Glorieuses », « génération dorée », « génération yéyé », cette époque est restée dans l'imaginaire collectif comme une période d'insouciance, de prospérité ; celle de tous les possibles.

Comment voir les choses autrement ? Nous avons grandi avec la France. Avec elle, nous sommes entrés dans la modernité, dans la société de consommation. Nous sommes passés du lavoir à la machine à laver, du phonographe au pick-up…

Comment ne pas être subjugué par trente ans de progrès pendant lesquels les hommes ont tour à tour conquis l'atome, le mur du son, l'espace… ? Comment ne pas se souvenir de notre émerveillement d'enfant en voyant le sourire de Youri Gagarine à la télévision ?

Nous avons également vécu un incroyable tremblement de terre culturel lorsque a débarqué chez nous *l'american way of life*, celui de la société de consommation et du confort moderne, mais aussi celui du rock'n'roll, de Marilyn Monroe et des westerns avec John Wayne.

Et pourtant, en repassant le film de ces années, je constate aussi que derrière la vitrine illuminée d'une société florissante se sont noués des drames, des difficultés, des craintes. Il ne faut pas oublier que nous sommes nés sur les ruines de la guerre, dans les gravats de la reconstruction. À l'époque où nous faisions nos premiers pas, il était encore souvent difficile de se nourrir correctement. Et une fois revenue, la croissance n'a pas résolu tous les problèmes. Qui se souvient aujourd'hui qu'en 1950, on mourait couramment de la tuberculose, que la polio faisait des ravages ? Qui se rappelle qu'au début des années soixante, il y avait encore des bidonvilles aux portes de Paris ?

Nous avons grandi en traversant de nombreuses crises politiques : les pénuries de l'immédiat après-guerre, les conflits de la décolonisation qui, de l'Indochine à l'Algérie, ont endeuillé de nombreuses familles et maintenu un climat très lourd en France…

Enfin, vingt ans après la chute du communisme en Europe, comment ne pas se souvenir que de Berlin à Cuba, en passant par Suez et Budapest, nous avons vécu avec au-dessus de nos têtes l'épée de Damoclès d'un conflit nucléaire.

Pourtant, avec le recul, nous pouvons considérer que notre enfance et notre adolescence furent heureuses. Chaque jour apportait son lot de nouveautés, de changements. Demain nous appartenait et nous allions largement en profiter.

Et quand j'ai demandé à mon fils de m'aider à démêler l'écheveau de ma mémoire, un des premiers souvenirs qui me sont revenus a été celui du lion de la MGM rugissant sur un écran de cinéma. Ce livre est l'histoire d'une génération en cinémascope.

Jean-Claude Arnaud

Jean-Charles Arnaud

Naître et renaître

1946-1948

Un beau bébé de 1946.

Il est né le divin enfant…

« En 46 en France, c'est simple, il n'y avait rien. » (Françoise Giroud)

Je suis né le 20 octobre 1946 à Vichy. Comme mes trois frères et sœurs avant moi, je suis venu au monde dans le lit de mes parents. Rien d'inhabituel à cela puisque la plupart d'entre nous sont nés de la même manière. Appelé dès le début du travail, le médecin de famille fait

Chronologie

20 janvier 1946
Le général de Gaulle annonce son retrait de la vie politique.

9 avril 1946
La loi dite Marthe Richard impose la fermeture des maisons closes.

20 septembre 1946
Ouverture du premier Festival du film de Cannes, qui récompense *La Symphonie pastorale* de Jean Delannoy.

1er octobre 1946
Fin du procès de Nuremberg : 9 responsables du régime nazi sont condamnés à mort et exécutés.

27 octobre 1946
Naissance de la IVe République.

23-24 novembre 1946
Bombardement de Haïphong par la flotte française ; début de la guerre d'Indochine.

12 mars 1947
La doctrine Truman définit la nouvelle politique étrangère américaine, visant à endiguer l'expansion communiste en Europe.

5 mai 1947
Le renvoi des ministres communistes du gouvernement inaugure une vague de grèves insurrectionnelle.

5 juin 1947
Annonce du plan Marshall, aide économique consentie par les États-Unis aux pays européens pour participer à leur reconstruction.

14-15 août 1947
L'Inde et le Pakistan deviennent indépendants.

4-10 septembre 1947
Jean Vilar crée le Festival de théâtre d'Avignon.

30 janvier 1948
Assassinat de Gandhi par un nationaliste hindou.

14 mai 1948
Proclamation de l'État d'Israël par David Ben Gourion.

24 juin 1948
Début du blocus de Berlin par les Soviétiques. Pendant onze mois, la ville sera ravitaillée par un gigantesque pont aérien mis en place par les Alliés.

alors souvent office à la fois d'obstétricien et de sage-femme. À la campagne, dans les hameaux isolés, les femmes accouchent seules, avec l'aide des autres femmes de la famille, armées d'eau chaude et de linges propres. Le téléphone est encore rare, et quand le bébé pointe le bout de son nez, il faut souvent envoyer un gamin chercher le médecin au bourg. Quant aux infrastructures hospitalières, elles sont encore plus éloignées et la venue d'une ambulance n'est pas envisageable.

Même en ville, rares sont les femmes qui accouchent à l'hôpital ou dans une clinique : généralement, seules les grossesses à risque et la nécessité d'une césarienne conduisent à une hospitalisation. De surcroît, les moyens et l'équipement des services de néo-natalité restent sommaires. Entre complications et hémorragies, de nombreuses mères meurent en couches et le taux de mortalité des nouveaux-nés demeure élevé.

Le foyer qui m'accueille est loin d'être une exception puisque les familles nombreuses sont alors la règle. Dès le début des années quarante, la politique nataliste menée par le gouvernement du maréchal Pétain a conduit à une hausse importante du taux de fécondité, qui s'est poursuivie après la guerre. Ce qu'on va bientôt appeler le « baby-boom » est amplifié par l'absence de moyens de contraception efficaces et par l'interdiction absolue de toute forme d'avortement.

La majorité des nourrissons sont nourris au sein, par leur mère. L'image

Le lion de la MGM.

de la nourrice bretonne est un lointain souvenir, et ceux que leur mère ne peut allaiter doivent se contenter de lait en poudre, dont la qualité discutable sera à l'origine de nombreuses carences.

Un pays à reconstruire…

« Camarades, retroussons nos manches ! »
(Maurice Thorez, secrétaire général du parti communiste)

En cette année 1946, la France est en pleine reconstruction. Quatre ans d'occupation et plus de six mois de combats ont laissé des traces profondes. Des régions entières ont été dévastées par les affrontements, les bombardements aériens, les sabotages de la Résistance et les représailles de l'armée allemande. Des villes comme Rouen, Caen ou Le Havre, ne sont plus que des amas de ruines desquelles émergent à peine un clocher et quelques pans de murs calcinés. Dans l'ensemble du pays, les infrastructures portuaires et ferroviaires ont été détruites. Les usines tournent au ralenti. Les régions minières, durement éprouvées par les conflits et pillées pour les besoins de la machine de guerre nazie, ne produisent pas suffisamment de charbon pour remettre en route une industrie moribonde. Enfin, la production agricole manque de moyens – tracteurs, moissonneuses, engrais – pour nourrir une population qui augmente rapidement.

L'ivresse de la Libération et de la victoire a rapidement laissé place aux difficultés de la vie quotidienne : le spectre des années noires plane encore au dessus des longues files d'attente devant les étals vides des boucheries et des boulangeries. Tout manque : la farine, le charbon, la viande, l'essence… Les tickets de rationnement, qu'on pensait voir disparaître rapidement, vont rester en vigueur pendant encore près de trois longues années.

Mais le pays tout entier s'est retroussé les manches : le retour des derniers prisonniers de guerre, le soutien matériel et financier des États-Unis et, surtout, cette force extraordinaire puisée dans l'espoir d'un avenir meilleur, permettent à la France de renaître de ses cendres. Les jeeps et les tanks laissent place aux tracteurs Ford et aux grues importés des États-Unis. Grâce à eux, il est désormais possible de parer au plus pressé, pour nourrir et loger des millions de personnes en détresse.

D'autre part, les mesures prises par le gouvernement commencent à porter leurs fruits. Bientôt la production industrielle va égaler, puis dépasser celle d'avant-guerre.

Les queues devant les boulangeries n'ont pas disparu.

Soldats américains devant la tour Eiffel pendant la libération de Paris.

America, America

Le paquetage des GI's qui débarquent en France en 1944 contient bien plus que la Libération. Derrière une puissance industrielle mise au service de la guerre, il y a un mode de vie, celui d'une société entrée dans l'ère de la consommation de masse. Une quantité prodigieuse de nouveaux produits inonde le pays : cigarettes blondes, chewing-gum, corned-beef, café et œufs en poudre, pénicilline, bas nylon... autant de symboles de l'Amérique du progrès et de la prospérité.
L'urgence de la reconstruction oblige en effet une France exsangue à se tourner vers les États-Unis. Le 28 mai 1946, le président du Conseil, Léon Blum, signe avec le secrétaire d'État américain James F. Byrnes les accords qui portent leurs noms, événement méconnu pourtant à l'origine d'un véritable choc culturel. Les Américains acceptent d'éponger les dettes de guerre françaises et accordent une aide financière de près d'un milliard de dollars. En échange, Paris s'engage à ouvrir ses frontières aux produits américains. D'autre part, les accords Blum-Byrnes mettent fin aux quotas d'importation des films américains. On exige seulement des distributeurs qu'ils réservent une semaine par mois à la diffusion de films français.
Les spectateurs français peuvent enfin découvrir des chefs-d'œuvre interdits sous l'Occupation, comme Autant en emporte le vent *ou* Citizen Kane. *Et à travers les films, bons ou mauvais, qui envahissent désormais les salles hexagonales, Hollywood dévoile une société fascinante tournée vers la modernité. Au fil des ans, le modèle de l'*american way of life *s'impose et bouleverse les habitudes quotidiennes des Français.*

Dans le landau tout terrain.

… à l'ouest d'un continent meurtri

« De Stettin sur la Baltique à Trieste sur l'Adriatique, un rideau de fer s'est abattu sur le continent […]. »

(Winston Churchill, discours de Fulton, le 5 mars 1946.)

Alors que la fin d'une tragédie de presque six ans vient d'être signée, le 8 mai 1945, dans un collège de Reims, les bruits de bottes résonnent de nouveau. Un vent d'est souffle sur les cendres du brasier européen et l'URSS de Staline impose sa loi d'airain aux pays qu'elle a libérés du joug nazi. Dans les pays occidentaux, qui ont choisi de se ranger derrière le bouclier de la démocratie et celui, plus prosaïque, de la puissance américaine, la crainte d'un nouvel affrontement se fait jour. Il ne se passe pas une semaine sans que la presse ne parle de montée des périls, de risques d'insurrection… en deux mots, de guerre froide. Et peu à peu, un rideau de fer descend sur un continent bientôt coupé en deux.

Quelques jours avant ma naissance, tous les regards sont tournés vers l'Allemagne, où vient de tomber le verdict du procès de Nuremberg. Ouvert un an plus tôt, il débouche sur la condamnation des principaux responsables nazis qui ont pu être retrouvés. 1933-1945, de Nuremberg à Nuremberg ; si les plaies restent béantes, la voie est ouverte à leur cicatrisation.

Ailleurs, d'autres feux embrasent le monde. L'affrontement Est-Ouest s'étend à l'Asie avec la reprise de la guerre civile en Chine. La création de l'Organisation des Nations unies favorise la volonté d'émancipation des peuples colonisés. Les Indes poursuivent leur marche vers l'indépendance, l'Algérie, l'Indonésie, l'Indochine puis Madagascar se révoltent contre l'autorité coloniale. Les gouvernements européens réagissent souvent de manière radicale par l'envoi de corps expéditionnaires, plongeant ainsi de vastes territoires dans une spirale de violences auxquelles l'opinion publique est de plus en plus hostile.

Les parachutistes français sautent sur Diên Biên Phu.

De l'opium et du caoutchouc

Créée à la fin du XIXe siècle, l'Indochine française est constituée de la Cochinchine, de l'Annam, du Tonkin, du Laos et du Cambodge. Alors considérée comme la porte d'entrée de la Chine, la région est surtout exploitée pour ses richesses en matières premières. En mars 1945, les Japonais, qui l'occupent depuis le début de la guerre, proclament l'indépendance du Vietnam, plaçant à sa tête l'empereur Bao Dai. Mais dès leur départ le 2 septembre, Hô Chi Minh, fondateur du Vietminh (Ligue pour l'indépendance du Vietnam), fonde la République démocratique du Vietnam.
La France, quant à elle, souhaite rétablir son autorité sur l'Indochine et entame des négociations avec le nouveau gouvernement. Parallèlement, en octobre, le général Leclerc est envoyé à Hanoï avec pour mission de créer une Fédération indochinoise autonome au sein de l'Union française. Les discussions s'enlisent tandis que les accrochages se multiplient entre l'armée française et les hommes d'« Oncle Ho ». Le 23 novembre 1946, la marine française bombarde Haïphong. Le Vietminh réagit le 19 décembre en déclenchant l'insurrection de Hanoï. L'opération est un échec, mais elle marque le début de la guerre. Le Vietminh entre dans la clandestinité et mène une guérilla féroce contre le corps expéditionnaire français. Soutenus par l'URSS puis, à partir de 1950, par la Chine de Mao Zedong, les Vietnamiens harcèlent les colonnes françaises qui enregistrent une série de revers importants entre 1949 et 1951.
En métropole, la guerre est impopulaire et l'opinion publique montre peu d'intérêt pour un conflit lointain aux enjeux obscurs,

mené par des soldats professionnels. Dans un pays en pleine reconstruction, la guerre apparaît comme un gouffre financier. De plus, à la différence de l'Algérie, les colons européens y sont peu nombreux. Seul le parti communiste mène dès 1947 une campagne virulente contre la guerre, en ayant parfois recours au sabotage ou au blocage des convois de ravitaillement de l'armée.

La France réalise rapidement qu'elle devra négocier avec Hô Chi Minh, mais souhaite se rendre aux pourparlers en position de force. En décembre 1953, plusieurs unités sont parachutées dans la cuvette de Diên Biên Phu. Très vite, en dépit de la mise en place d'un pont aérien, la base est cernée par les divisions de l'armée populaire du général Giap. Pendant deux mois, la France assiste impuissante à l'agonie de la garnison, qui capitule le 7 mai 1954.

Le président du Conseil Pierre Mendès France promet alors de mettre fin aux hostilités. Le 22 juillet 1954, les accords de Genève reconnaissent l'indépendance du Laos et du Cambodge. Le Vietnam est divisé en deux États de part et d'autre du 17e parallèle : au nord la République démocratique du Vietnam, au sud l'État du Vietnam.

Dès 1955, la guérilla communiste reprend au Sud, plongeant progressivement le pays dans une nouvelle guerre dans laquelle les Américains viendront se perdre, eux aussi.

Un homme à la mode.

Faites tourner les lessiveuses

Nouvelle naissance, nouveau bonheur, mais également nouvelles corvées pour la jeune mère de famille. Et tout d'abord, la question des couches : celles-ci sont en tissu et il faut les laver tous les jours. Il n'est pas encore question de machine à laver, véritable objet de luxe digne du Salon des arts ménagers. En ville, il s'agit de faire bouillir les lessiveuses en fer-blanc, lessiveuses multi-usages puisqu'elles servent aussi de baignoire aux enfants et de bassine pour rincer les pommes de terre ! L'eau courante est loin d'être la règle : il faut aller la chercher aux fontaines qui trônent dans les cours d'immeubles. Nombre d'adultes vont se laver aux douches municipales, qui garantissent de l'eau chaude à volonté. Dans les campagnes, les femmes vont encore battre le linge au lavoir collectif ou dans de grands bacs en pierre, avant de le repasser avec de vieux fers en fonte chauffés sur le poêle.

Pin-up.

Quant au divin enfant, il gazouille dans son landau sous le regard attentif de ses frères et sœurs et de ses grands-parents. Première occasion de se réunir, le baptême donne lieu à un repas de fête, un peu frugal en ces temps de restriction. Après la cérémonie, c'est au tour des « rois-mages » d'apporter leurs présents. Parrain et marraine offrent à leur filleul les traditionnels petits couverts et la timbale en argent. De leur côté, les grands-parents se sont chargés de la petite chaîne, de la médaille de baptême et de la gourmette en or. Ces petits bijoux s'avèreront, quelques mois plus tard, les accessoires essentiels de la traditionnelle photo façon pin-up. Allongé nu sur une peau de bête, les cheveux longs pour les filles comme pour les garçons, il faut faire risette au photographe.

Banc public et pompons.

Chaque petit événement est l'occasion d'enrichir l'album de famille : les premiers sourires, les premières tentatives de se tenir debout avec les mains crispées sur les barreaux du parc en bois, puis, miracle, les premiers pas. Dès lors, plus question de s'arrêter de gambader.

Entre deux et trois ans, la mode est unisexe. Garçons et filles sont habillés et coiffés de la même manière : cheveux mi-longs, barboteuse en coton, blanche le plus souvent, et sandalettes.

On se bouscule devant les vitrines
des magasins d'électroménager.

Le Salon des arts ménagers

« Mon frigidaire, mon armoire à cuillers /
Mon évier en fer, et mon poêle à mazout
Mon cire-godasses, mon repasse-limaces /
Mon tabouret à glace et mon chasse-filous »
(Boris Vian, « La Complainte du progrès ».)

Chaque année à Paris, le Grand Palais accueille en grande pompe le Salon des arts ménagers, où sont exposées toutes les nouveautés en matière d'équipement de la maison. Véritable vitrine de la modernité et du progrès technologique, l'événement va devenir le symbole d'une France qui entre de plain-pied dans la société de consommation. Son inauguration fait systématiquement la une des actualités.
La fin de la reconstruction, l'augmentation du pouvoir d'achat, le développement du crédit à la consommation et la soif intarissable des Français pour le confort, y attirent les foules. Sur leurs stands, des démonstrateurs vantent aux ménagères les capacités extraordinaires d'une multitude d'ustensiles de cuisine. Parmi eux, il est difficile de ne pas citer le moulin à légumes, un appareil à l'allure très simple, voire rustique, qui va pourtant envahir toutes les cuisines de France et de Navarre. Avec sa poignée tournante coiffée d'une boule de plastique rouge, il ressemble à une soucoupe volante en acier. La révolution du foyer est en marche et la purée semble bien meilleure.
Les années cinquante voient apparaître les premiers appareils électroménagers, dont la plupart sont importés des États-Unis : réfrigérateurs, machines à laver à tambour, aspirateur... le taux d'équipement des ménages croît de manière exponentielle. Bientôt, l'appareil électroménager n'est plus seulement utile – il devient également un véritable objet de décoration, fabriqué dans des matières nouvelles comme le PVC, l'inox et l'aluminium.

1949-1951

Le temps des comptines

Première photo de classe.

Il était une bergère…

Trois ans. Je suis propre et je commence à parler plus ou moins correctement : bon pour le jardin d'enfant ! La veille de la rentrée a été consacrée aux essayages – les premières culottes courtes, une chemisette et un pull hérités

Chronologie

1er janvier 1949
Création de la Régie autonome des transports parisiens (RATP).

2 février 1949
Commercialisation du premier disque 45 tours microsillon.

4 avril 1949
Les pays occidentaux adhèrent au Pacte atlantique et à son alliance militaire, l'OTAN.

24 mai – 7 octobre 1949
Naissance de la République fédérale d'Allemagne (RFA) et de la République démocratique allemande (RDA).

29 juin 1949
Pierre Sabbagh présente le premier journal télévisé de la télévision française.

1er octobre 1949
Suite à sa victoire sur ses rivaux nationalistes, Mao Zedong proclame la République populaire de Chine.

28 octobre 1949
Le boxeur Marcel Cerdan disparaît dans l'accident d'un vol Paris-New York.

5 janvier 1950
La vaccination contre la tuberculose (BCG) devient obligatoire pour certaines catégories de la population.

11 février 1950
Création du salaire minimum interprofessionnel garanti (SMIG), fixé à 64 francs.

19 février 1950
Début de la « chasse aux sorcières » aux États-Unis : le sénateur républicain Joseph McCarthy traque les communistes dans l'administration et l'industrie du cinéma.

25 juin 1950
Les troupes nord-coréennes franchissent le 38e parallèle et entrent en Corée du Sud ; la guerre de Corée ne prendra fin que trois ans plus tard.

18 avril 1951
Création de la Communauté européenne du charbon et de l'acier (CECA).

24 novembre 1951
La Calypso du commandant Cousteau appareille pour son premier voyage d'exploration.

15 décembre 1951
Luis Mariano triomphe dans l'opérette de Francis Lopez, *Le Chanteur de Mexico*.

Avant l'épreuve du coiffeur : cheveux longs et barboteuse.

du frère aîné, tout comme la blouse en coton chargée d'accueillir les débordements de mes premiers élans artistiques. Autre nouveauté, le passage chez le coiffeur où j'abandonne mes boucles blondes pour la coupe de cheveux classique du petit garçon : court et bien dégagé derrière les oreilles.

Le jour de la rentrée, sur le chemin, le pas est plus hésitant qu'à l'accoutumée et ma main se crispe un peu dans celle de ma mère. C'est avec un sentiment confus de crainte et de curiosité qu'on franchit les grilles de l'école. Là, quelle surprise ! Une trentaine d'enfants avec leur mère à genoux devant eux, rajustant une dernière fois un col de chemise ou remontant une chaussette qui baille en

Premier livre de lecture.

murmurant des mots réconfortants. Beaucoup pleurent et certaines mères font ce qu'elles peuvent pour retenir leurs propres larmes. Je suis à peine plus rassuré que les autres. J'essaie néanmoins de faire bonne figure pendant que maman me donne ses derniers conseils : « Sois bien sage, fais attention à tes affaires ! »

Le tintement de la petite cloche sous l'auvent en verre annonce l'heure de la séparation. Les institutrices rameutent leur petit troupeau pour former les rangs, tout en tentant de rassurer ceux qui pleurent de plus belle en voyant leurs parents quitter l'enceinte de l'école. Comme il faut se mettre deux par deux, j'avise une de mes petites voisines et je lui empoigne la main. Je me retourne plus d'une fois pour chercher du regard ma mère qui me fait de grands signes. Elle a promis de venir me chercher à midi. Je ne sais pas encore lire l'heure, mais le plus tôt sera le mieux.

Heureusement, une fois dans la classe, les maîtresses organisent rapidement des jeux autour de petites comptines. Celles-ci nous sont familières puisque ce sont souvent celles avec lesquelles les mères bercent notre sommeil. Et puis surtout, il y a la récréation, la ruée vers le tas de sable et les cages à poule, les parties de football et de chat.

Après le déjeuner, petite sieste pour tout le monde, un peu de dessin, et la journée est terminée. Vivement demain !

Tempêtes sur l'Asie

À la fin des années quarante, si l'Europe a basculé dans la guerre froide, l'affrontement Est-Ouest n'y dégénère pas en conflit armé. Le vieux continent se crispe des deux côtés du Rideau de fer, mais seule la Grèce est déchirée par une guerre civile sanglante entre communistes et royalistes. L'affrontement entre les deux blocs se déplace donc vers l'Asie, où les États-Unis appliquent à partir de 1947 leur doctrine visant à endiguer le communisme. Les Soviétiques soutiennent quant à eux les mouvements indépendantistes indochinois et indonésiens contre les impérialismes français et néerlandais.
En Chine, l'union sacrée contre l'occupant japonais avait mis entre parenthèses la guerre civile entre les communistes de Mao Zedong et les nationalistes de Tchang Kaï-chek. Les hostilités reprennent dès que le dernier soldat nippon quitte le sol de l'empire du Milieu. Fin 1949, Mao, aidé par les Soviétiques, triomphe. Son adversaire s'enfuit sur l'île de Formose et fonde la république de Taïwan, protégée des velléités réunificatrices du continent par les États-Unis.
La Corée, elle aussi occupée par les Japonais, est divisée en deux États depuis 1945 : au Nord un régime communiste prosoviétique, au Sud un état libéral proche du camp occidental. Le 21 juin 1950, les troupes du Nord envahissent le Sud. L'ONU réagit par l'envoi d'un corps expéditionnaire placé sous commandement américain. L'offensive onusienne repousse l'invasion jusqu'au cœur de la Corée du Nord, entraînant une intervention militaire chinoise. D'offensives en contre-offensives, la guerre de Corée s'enlise dans une guerre de positions, jusqu'à la signature de l'armistice de Panmunjon en 1953. Depuis lors, le conflit s'est figé sur le 38e parallèle, sans que jamais un traité de paix n'ait été signé.

Et ron et ron petit patapon...

En fin d'après-midi, en rentrant à la maison, je suis intarissable sur ma journée et je poursuis ma mère jusque dans la cuisine pendant qu'elle prépare le dîner.

Comme beaucoup de femmes, ma mère ne travaille pas et s'occupe avant tout de la bonne marche de son foyer. La lessive, la vaisselle,

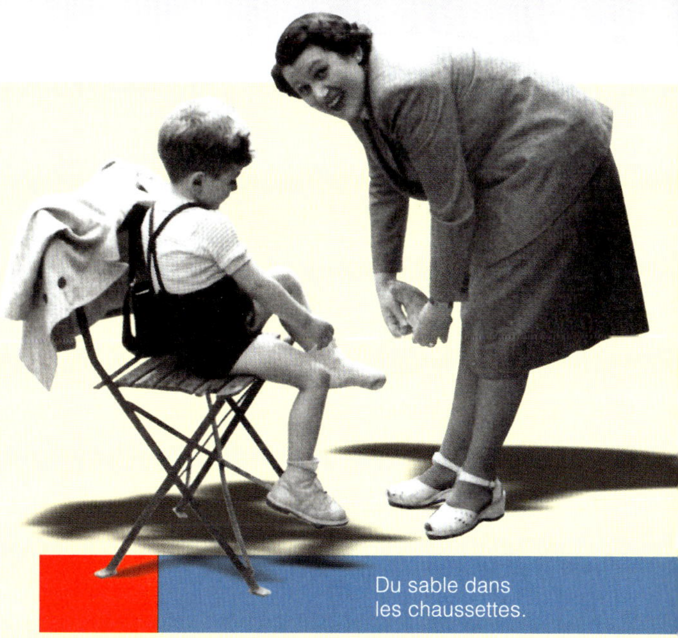

Du sable dans les chaussettes.

La ménagère
en son royaume.

le ménage, les courses : les femmes sont encore très souvent confinées aux tâches domestiques. Si elles ont le droit de vote depuis quelques années, elles restent en grande partie sous la responsabilité de leur mari, puisqu'elles ne peuvent avoir de compte en banque ni travailler sans son autorisation. La femme reste avant tout une mère, la gardienne du foyer. D'ailleurs, dès leur plus jeune âge, les petites filles sont éduquées en ce sens. À l'école, dès le primaire, parallèlement au français et à l'algèbre, on leur enseigne le b.a.-ba des tâches ménagères : couture, broderie, cuisine, tout le nécessaire pour faire une bonne épouse. De surcroît, la presse féminine, comme *Elle* ou *Marie-Claire*, encourage le conservatisme des mœurs en abreuvant les femmes de conseils pratiques pour bien tenir leur petit intérieur pendant que leur mari est à l'usine ou au bureau.

Moi, je suis bien content que ma mère s'occupe de moi. Si le jardin d'enfant est le royaume des rondes et des jeux, c'est aussi celui des virus en tout genre. S'amuser à tirer les couettes des filles ou emprunter le mouchoir du voisin pour s'en faire un foulard de bandit mexicain, entraînent au mieux un bon rhume, au pire la varicelle ou les oreillons qui, mal soignés, peuvent entraîner de sérieuses complications.

Mais le temps du jardin d'enfants n'est pas seulement celui du « bouillon de culture ». Il permet également aux enfants de se socialiser tout en apprenant, de façon ludique, les rudiments de la lecture et de l'écriture. C'est aussi le temps où les enseignants sont chargés de repérer les enfants en difficulté, ceux qui ont besoin de lunettes ou ceux qui ont de « mauvaises habitudes », comme celle d'utiliser leur main gauche pour peindre ou écrire ! Si les gauchers ne sont plus martyrisés comme autrefois, tout est mise en œuvre pour corriger ce « vilain défaut ».

« Ich bin ein Berliner »

(« Je suis un Berlinois », John F. Kennedy, Berlin-Ouest, le 26 juin 1963.)

En 1945, à l'instar du reste de l'Allemagne, Berlin est découpée en quatre zones d'occupation : les zones américaine, britannique et française forment une enclave au milieu de la zone soviétique. Reliée à l'Ouest par des routes, des canaux et une voie ferrée, la ville devient rapidement le cœur de l'affrontement Est-Ouest en Europe.
Du 24 juin 1948 au 12 mai 1949, Staline ordonne le blocus de la ville. Toutes les voies de communication vers l'Ouest sont coupées et les Berlinois de l'Ouest ne survivent que grâce au gigantesque pont aérien mis en place par les Alliés.
En 1949, la création de la République fédérale d'Allemagne puis de la République démocratique allemande entérine la division du pays en deux États aux frontières fermées. Berlin reste le seul passage ouvert entre l'Est et l'Ouest.
En novembre 1958, Khrouchtchev tente un coup de force en lançant un ultimatum : les troupes occidentales ont six mois pour quitter Berlin-Ouest, et faire de la cité une ville démilitarisée. Nouveau refus catégorique des Alliés.
Depuis 1949, la situation économique désastreuse et la soif de liberté ont poussé plusieurs millions d'Allemands à fuir la RDA. Dans la nuit du 12 au 13 août 1961, le gouvernement est-allemand érige un mur qui coupe la ville en deux. Désormais, le passage à l'Ouest est interdit et les gardes reçoivent l'ordre de faire feu sur quiconque tenterait de franchir la nouvelle frontière. Un rideau de béton et de barbelés vient de s'abattre sur Berlin. Pendant vingt-huit ans, il sera le symbole d'une Allemagne et d'une Europe divisées.

Un soldat est-allemand passe à l'Ouest en franchissant le mur de Berlin.

Pique-nique à la campagne.

À propos de moutons…

Le week-end est l'occasion pour les petits citadins de partir à la campagne rendre visite à leur famille. Je commence ainsi à me rendre compte des avantages qu'il y a à vivre en ville : l'électricité, le chauffage central, l'eau courante et par-dessus tout, les toilettes dans la maison avec une vraie chasse d'eau. Aller satisfaire des besoins naturels dans un petit cabanon au fond du jardin, c'est très drôle au début, mais tôt le matin au mois de décembre….

Mis à part ces petits détails, la campagne est une source permanente d'émerveillement : traire les vaches, nourrir les agneaux, ramasser les œufs, cueillir des baies improbables et des champignons douteux…

Pour les adultes, c'est un réel plaisir de se reposer d'une semaine de travail de quarante heures et de partager un petit verre de gnôle « maison ». Ce dernier privilège est alors en sursis puisque, quelques années plus tard, la loi restreindra le droit à la distillation privée, sonnant ainsi le glas des bouilleurs de crus et des alambics de ferme.

L'agriculture se modernise.

L'ambiance semble légère, mais la situation n'en est pas moins préoccupante pour un monde rural en pleine mutation. Si l'agriculture et l'élevage continuent d'occuper une bonne partie de la population active, la fin de la guerre a fortement accéléré l'exode rural et la transformation du paysage des campagnes. La mécanisation de l'agriculture pousse de nombreux ouvriers agricoles à quitter les exploitations pour aller chercher du travail en ville. De plus, l'achat de tracteurs et autres moissonneuses coûte cher et beaucoup d'agriculteurs, qui utilisent encore parfois des chevaux de trait, ne peuvent faire face à ces nouvelles dépenses. Beaucoup cessent d'exploiter leurs terres, qu'ils doivent revendre.

En ville, certes, le travail ne manque pas, mais il faut donner un toit aux nouveaux arrivants et la crise du logement ne fait qu'empirer d'année en année. Cette crise culminera pendant le rude hiver de 1954. Cette année-là,

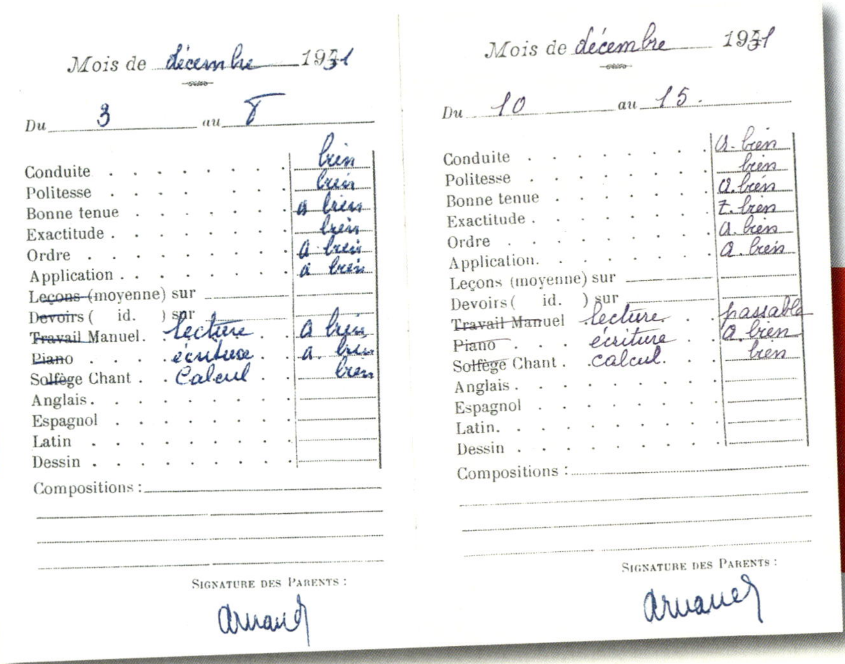

Mois de décembre 1931

Du 3 au 8

Conduite	bien
Politesse	bien
Bonne tenue	a bien
Exactitude	bien
Ordre	a bien
Application	a bien
Leçons (moyenne) sur	
Devoirs (id.) sur	
Travail Manuel lecture	a bien
Piano écriture	a bien
Solfège Chant Calcul	bien
Anglais	
Espagnol	
Latin	
Dessin	

Compositions :

Signature des Parents :

Mois de décembre 1931

Du 10 au 15.

Conduite	a. bien
Politesse	bien
Bonne tenue	a. bien
Exactitude	t. bien
Ordre	a. bien
Application	a. bien
Leçons (moyenne) sur	
Devoirs (id.) sur	
Travail Manuel lecture	passable
Piano écriture	a. bien
Solfège Chant calcul	bien
Anglais	
Espagnol	
Latin	
Dessin	

Compositions :

Signature des Parents :

Relevé de notes du jardin d'enfants.

l'abbé Pierre lancera son fameux appel à la solidarité nationale pour ceux qu'il appelle les « couche-dehors », qui se comptent par centaines de milliers. Ainsi, des familles entières d'ouvriers, faute de logements décents, s'entassent toujours un peu plus nombreux dans des bidonvilles à la périphérie des grandes villes.

… et de fromage

Aller à la campagne, c'est aussi partir au ravitaillement. Au retour, le coffre de la Traction Avant est toujours plein à craquer de victuailles : le gibier des parties de chasse, les jambons salés du cochon tué l'hiver précédent, ou les fromages frais qu'on fera sécher dans le cellier. Parfois, on ramène des grenouilles attrapées avec un chiffon rouge agité à la surface de l'eau, ou des écrevisses, douloureusement pêchées et dont on fera un festin, mijotées dans une sauce à base de tomates et de carottes.

Tout ce qui n'est pas consommé rapidement est mis en conserve pour l'hiver. Toute la famille est alors mise à contribution, et nous voilà partis pour des heures passées à écosser les petits pois ou équeuter les haricots verts. Quant aux fruits, on les fera cuire dans de grands confituriers en cuivre avant de les mettre en pots scellés à la cire.

Pour se distraire pendant ces longues séances d'épluchage, on tourne la molette du poste de radio jusqu'à la fréquence de Radio-Luxembourg, pour écouter Zappy Max et les radio-crochets. Et l'on ne manquerait pour rien au monde un épisode des aventures désopilantes de Francis Blanche et Pierre Dac dans le feuilleton radiophonique « Malheur aux barbus », programmé sur les ondes Paris-Inter.

Les tickets de rationnement ont heureusement disparu, mais manger de la viande tous les jours reste un luxe que beaucoup ne peuvent s'offrir. De plus, il suffit d'une mauvaise récolte pour que le gouvernement prenne immédiatement des mesures de restriction et de contrôle des prix des denrées alimentaires.

Même en période d'abondance, certains produits restent rares. Ainsi, quand un soir, en rentrant du parc où j'apprends à faire du vélo, mon père me tend une banane, j'observe le fruit avec circonspection. Je le regarde la peler, la bouche grande ouverte, et il faut qu'il y goûte le premier avant que j'accepte d'en manger.

Sur les genoux du grand-père.

Mesdames, mesdemoiselles, messieurs, bonsoir !

« Messieurs, hier j'ai été à l'opéra avec le président Khrouchtchev. Et savez-vous ce qui m'est arrivé là-bas ? J'ai rencontré M. Zitrone. Eh bien, il m'a reconnu... » (Le général de Gaulle lors d'un conseil des ministres en 1960.)

Le 29 juin 1949, la speakerine Jacqueline Joubert annonce aux 3 000 privilégiés qui possèdent un récepteur de télévision, la diffusion du premier journal de la Radiodiffusion et télévision française (RTF), présenté par Pierre Sabbagh. Il ne rassemblera qu'un maigre public, d'autant que les programmes, diffusés via l'émetteur de la tour Eiffel et quelques relais, atteignent à peine 10 % de l'Hexagone.
Pourtant, en quinze ans, la télévision deviendra un véritable phénomène de société qui bouleversera les habitudes culturelles des Français. « Informer, éduquer, distraire » : cette devise inspire une génération de pionniers, de passionnés, qui créent d'innombrables programmes mythiques. De « La Vie des animaux » (1952) à « La Caméra explore le temps » (1957) en passant par « Cinq colonnes à la une » (1959), tout est mis en œuvre pour cultiver le téléspectateur.
Même les émissions destinées au jeune public ont toutes un caractère éducatif, que ce soit « Le Club du jeudi » (1950) ou « Le Tour de France par deux enfants » (1957). Éduquer certes, mais également divertir, avec des jeux télévisés comme « Télé Match » (1954), « La Tête et les jambes » (1960) et bien sûr « Intervilles » (1962), présenté par l'inénarrable trio formé par Guy Lux, Léon Zitrone et Simone Garnier. Il existe également des émissions de variétés et de divertissement, comme « 36 chandelles », « La Piste aux étoiles » ou, plus tard, « Âge tendre et tête de bois ». La télévision se fait ainsi découvreuse de talents. Bon nombre d'artistes, comme Serge Gainsbourg, Barbara ou Johnny Hallyday, devront une partie de leur carrière à leur passage dans le « Discorama » de Denise Glaser.
Petit à petit, la fiction envahit le petit écran. À côté des « dramatiques », adaptations de chefs-d'œuvre littéraires et de divers épisodes historiques, les premières séries imposent des héros récurrents et familiers dont il serait impensable de manquer les aventures. Ainsi, les trois amis du « Temps des copains », l'inspecteur Bourrel et son fameux « Bon sang, mais c'est bien sûr ! », sans oublier Janique Aimée, l'héroïne des midinettes : autant de personnages interprétés par des acteurs qui font la une des magazines au même titre que les stars de cinéma. Les plus jeunes leur préféreront « Thierry la Fronde », « Rintintin », « Ivanhoé » et plus tard Joss Randall, le chasseur de primes d'« Au nom de la loi ».

Jacqueline Joubert, speakerine de la télévision française.

Progressant sur le plan technique, on commence également à retransmettre en direct de grandes manifestations. Ainsi, en 1953, le couronnement d'Élisabeth II est suivi par des millions de téléspectateurs à travers le monde. Et il n'est pas rare de voir les gens s'agglutiner devant la vitrine des magasins d'électroménager pour suivre un match de football ou une étape du Tour de France. Toutefois, on ne fait pas ce qu'on veut sur les antennes de l'ORTF. Sous le regard vigilant du ministère de l'Information, la censure foudroie ceux qui dérogent à la neutralité politique, au bon goût et à la bienséance. Ainsi, en 1960, l'émission satirique « La Boîte à sel » se saborde pour éviter l'autocensure à propos de la guerre d'Algérie. Quant aux programmes « osés », on les affuble dès 1961 d'un carré blanc, apparu après la diffusion de L'Exécution, film de Maurice Cazeneuve, dans lequel apparaît furtivement une femme nue. Enfin, en 1964, la présentatrice de l'émission de divertissement, film de Maurice Cazeneuve « Télé dimanche », Noëlle Noblecourt, est renvoyée pour avoir dévoilé en direct… ses genoux !

1952-1956

En sortant de l'école, nous avons rencontré...

Famille nombreuse, famille heureuse !

Qui a eu cette idée folle...

1952. L'année de nos six ans est marquée par un événement important : l'entrée à l'école primaire. Désormais, l'apprentissage de la lecture et de l'écriture remplaceront les jeux du jardin d'enfant. Et plus question de faire la sieste !

L'année scolaire commence en octobre pour permettre aux enfants de la campagne d'aider leurs parents pour les vendanges. La semaine d'école

Chronologie

19 juin 1952
Les époux Rosenberg, accusés d'avoir livré des secrets atomiques aux Soviétiques, sont exécutés à New York.

31 octobre 1952
Les États-Unis font exploser la première bombe H sur l'atoll de Bikini.

5 mars 1953
Mort de Joseph Staline, remplacé à la tête du Comité central du PCUS par Nikita Khrouchtchev.

2 juin 1953
Couronnement d'Élisabeth II : première retransmission télévisée internationale en direct.

19 octobre 1953
Fondation de l'Union de défense des commerçants et artisans par Pierre Poujade.

10 décembre 1953
Parution du premier numéro du magazine *Playboy*, avec Marilyn Monroe en couverture.

1er février 1954
L'abbé Pierre lance un appel à la solidarité avec les sans-abri sur les ondes de Radio Luxembourg.

12 avril 1954
Bill Haley enregistre « Rock Around The Clock ».

7 mai 1954
Défaite de Diên Biên Phu.

1er novembre 1954
La Toussaint rouge marque le début de la guerre d'Algérie.

28 novembre 1954
Gaston Dominici est condamné à mort pour le meurtre des époux Drummond et de leur fille.

28 février 1955
Une troisième semaine de congés payés est accordée aux Français.

11 juin 1955
Aux 24 Heures du Mans, une voiture quitte la piste et s'écrase sur une tribune, faisant 82 victimes.

2 et 20 mars 1956
Le Maroc et la Tunisie deviennent indépendants.

19 octobre – 22 novembre 1956
Insurrection de Budapest.

Le couple de l'année 1952.

s'étale du lundi au samedi, avec une interruption le jeudi. Inscrit dans une école religieuse, je passe un peu plus de temps en classe que les élèves de l'école publique, avec messe obligatoire le jeudi.

Les cours commencent à neuf heures et se terminent à dix-sept heures. Chaque matin, il faut se lever vers 7 h 30. Un bol de café au lait (le café est mélangé avec un peu de chicorée, une vieille habitude héritée des pénuries de la guerre) ou de chocolat en poudre, une ou deux tartines, et il est déjà temps de se mettre en route.

On traîne un peu en se lavant consciencieusement les dents pour retarder l'échéance du départ, qui se fait sous l'escorte rassurante des aînés. Le trajet s'effectue à pied, cartable en cuir à la main et culottes courtes quelle que soit la saison.

Les mêmes en plus vieux.

L'hiver, la panoplie du parfait petit écolier s'enrichit d'un manteau, d'un bonnet, d'une écharpe et d'une paire de gants en laine. Le tout dûment étiqueté au nom du propriétaire pour éviter les pertes.

Le transport scolaire n'existe pas et, dans les campagnes, les enfants doivent parfois faire plusieurs kilomètres à pied pour rejoindre leur classe. Hors de question, alors, de rentrer à la maison pour déjeuner ! Comme dans les petites écoles, il n'y a pas de cantine, chacun vient tous les jours avec sa gamelle en fer-blanc qu'on fera réchauffer sur le poêle. Parfois la municipalité, selon les moyens dont elle dispose, distribuera un morceau de pain et un verre de lait. À Noël, grand luxe, les enfants recevront quelques carrés de chocolat ou, plus extraordinaire et plus exotique, une banane et des mandarines.

On récupère ceux qui habitent sur le chemin et on en profite pour échanger quelques billes ou faire naviguer un bateau en papier dans l'océan des eaux usées du caniveau. Puis la petite troupe se scinde : les filles partent de leur côté – en ville les établissements ne sont pas mixtes –, et les plus âgés poursuivent leur route jusqu'au collège. On franchit le portail quelques secondes avant que la cloche nous invite à courir nous mettre en rang.

« *De 7 à 77 ans* »

Les années cinquante et soixante marquent l'âge d'or des magazines destinés à la jeunesse. Ces périodiques font la part belle à la bande dessinée, mais publient également des reportages, des romans courts, des histoires drôles, des articles didactiques…
Cette presse a pris un essor particulier dès la fin de la guerre, et a la particularité de s'inscrire dans le cadre des luttes politiques de l'époque. Aux journaux publiés sous l'égide du parti communiste, comme Vaillant, le journal des intrépides, *qui deviendra plus tard le légendaire* Pif gadget, *les maisons d'éditions catholiques répondent avec* Fripounet et Marisette, Coq hardi *ou encore* Bayard.
Par-delà les luttes d'influence politico-religieuse, Le Journal de Tintin *apparaît en 1948. À côté du héros de Hergé et de son fidèle Milou, les pages de l'hebdomadaire recèlent des trésors de la bande dessinée :* Blake et Mortimer, Alix, Michel Vaillant, Ric Hochet, Chick Bill…
Le plus grand rival de Tintin est Spirou, *autre hebdomadaire d'origine belge qui, outre les aventures du héros éponyme de Franquin, accueille* Lucky Luke, Buck Danny, *l'inénarrable* Gaston Lagaffe, Les Schtroumpfs, Boule et Bill…
De son côté, Le Journal de Mickey *reprend les aventures des héros de Walt Disney, avec notamment le feuilleton « Mickey à travers les siècles » : la célèbre souris y parcourt l'histoire de France, changeant d'époque à chaque fois qu'elle reçoit un choc sur la tête.*
En 1959 paraît le premier numéro de Pilote, *l'hebdomadaire qui publie les premières planches du plus célèbre héros de la bande dessinée française,* Astérix le Gaulois, *mais aussi* Tanguy et Laverdure, Achille Talon *et* Valentin le vagabond.
Enfin, les petites filles ne sont pas oubliées, avec des titres comme Lisette *ou* La Semaine de Suzette.

James Dean junior.

… un jour d'inventer l'école ?

Avant d'entrer en classe, sous la direction des instituteurs, passage obligatoire par les lavabos pour une séance de lavage de mains en bonne et due forme. Attention aux inspections surprise ! Alignés comme à la parade, nous devons présenter chacun à notre tour nos deux mains tendues aux regards inquisiteurs et suspicieux de nos éducateurs. Paumes tournées vers le bas, puis vers le haut, afin de prouver l'absence de taches

Pierre Mendès France, figure emblématique de la IVe République.

d'encre ou de traces douteuses. Gare aux ongles noirs et aux mains terreuses ! Leur propriétaire aura droit à une deuxième séance, sous l'œil impitoyable du préfet de discipline dont le titre résume très bien la fonction.

En période d'épidémie, le corps enseignant organise des séances d'épouillage général. En cas d'invasion capillaire, la chasse aux « totos » mènera au mieux à des séances de shampooing à la Marie Rose, au pire à la boule à zéro. Ces mesures d'hygiène quotidiennes poursuivent deux buts : sensibiliser les enfants aux bienfaits de la propreté, surtout quand on sait que beaucoup d'entre eux se contentent le plus souvent d'une « toilette de singe », et lutter contre la transmission de maladies qui font des ravages dans notre classe d'âge. La tuberculose et la variole frappent encore de nombreux enfants, et la polio continue de mutiler à vie plusieurs milliers de personnes chaque année.

Cette année-là, en dépit des multiples mesures d'hygiène et des premières campagnes de vaccination, j'attrape la coqueluche. La maladie provoque des quintes de toux douloureuses et fatigantes, dont le bruit rappelle le chant du coq. Pourtant mes mains étaient toujours impeccables et, tous les deux jours, j'avais droit à une cuillerée d'huile de foie de morue ! Un des traitements préconisés permet de se consoler un peu : pour soigner les poumons, les médecins conseillent de « prendre de l'altitude ». Ce qui se traduit par un baptême de l'air à l'aérodrome local.

C'est dans une même logique d'amélioration de la santé publique qu'en 1954, le président du Conseil, Pierre Mendès France, organise une distribution quotidienne de lait dans les écoles maternelles et primaires. Pour beaucoup d'entre nous, avaler ce verre de calcium est un véritable calvaire. Il s'agit pourtant d'une intention louable, Mendès France cherchant notamment à lutter contre les ravages de l'alcoolisme…

L'écolier modèle.

C'est ce sacré Charlemagne !

Voilà ce qui compose désormais le décor de nos journées : la salle de classe, les pupitres en bois, les grandes fenêtres qui ne laissent voir de l'extérieur que les branches des marronniers dressés dans la cour et le toit du préau. Le tableau noir, les cartes de géographie qui disputent les murs aux images d'Épinal retraçant les grandes heures de l'histoire de France – la prise de la Bastille côtoie la bataille de Marignan et la poule au pot d'Henri IV. Et ces inoubliables mappemondes en bois jaunies, maculées par des générations

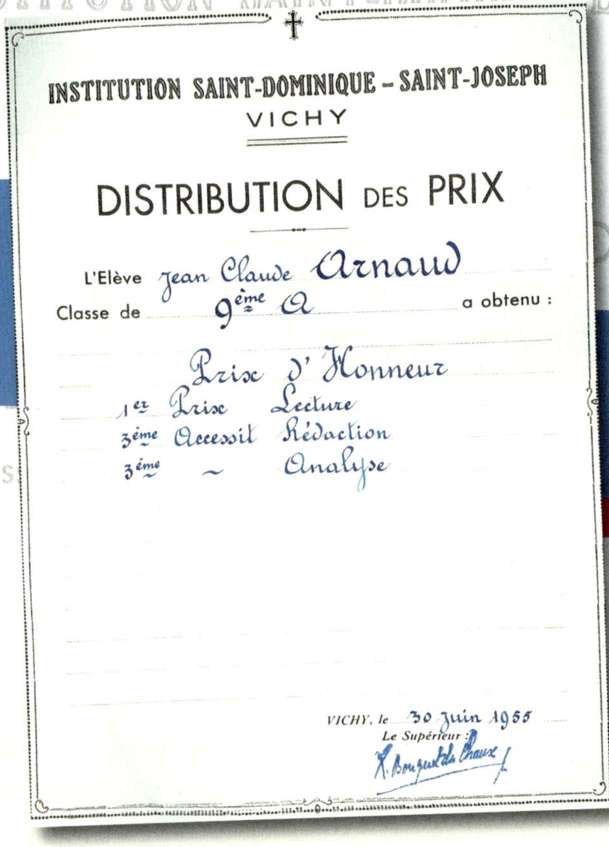

INSTITUTION SAINT-DOMINIQUE – SAINT-JOSEPH
VICHY

DISTRIBUTION DES PRIX

L'Elève Jean Claude Arnaud
Classe de 9ème A a obtenu :

Prix d'Honneur
1er Prix Lecture
3ème Accessit Rédaction
3ème – Analyse

VICHY, le 30 Juin 1955
Le Supérieur :
[signature]

Juste récompense d'un dur labeur.

de doigts pointés sur le bleu qui colore les colonies françaises ou le rose de celles de l'Empire britannique…

Au fond de la classe, le poêle à charbon sera allumé quand les marronniers auront perdu leurs feuilles. Et nous passerons encore de longues heures à tracer plus ou moins habilement des « L » ou des « A » et à déchiffrer les mots du livre de lecture, en attendant la cloche libératrice, annonciatrice des récréations pendant lesquelles on rivalise d'adresse aux billes et aux osselets.

À bon ouvrier, bons outils : plumier, encrier, taille-crayons, cahiers. Et surtout le papier buvard et la blouse pour amortir les velléités libertaires des plumes Sergent-Major. Les leçons de morale, les cours d'arithmétique et les séances de dessin rythment la journée.

Les cours cessent à midi pour le déjeuner. Ceux qui ne rentrent pas chez eux vont manger à la cantine. Nouveau passage obligatoire par les lavabos, puis direction les bancs du réfectoire. Une serviette autour du cou, nous y « dégustons » trop souvent une viande à l'origine douteuse accompagnée de pâtes trop cuites. Une heure de récréation digestive, et nous enchaînons sur de nouvelles leçons.

Rêves d'enfants.

Dydo vainqueur du Tour de France.

Chaque semaine, le carnet de notes est remis aux parents. Tous les mois, des prix sont décernés dans toutes les matières, avec une attention particulière accordée à la tenue et à la politesse. Les élèves les plus méritants sont inscrits au tableau d'honneur. Nos progrès sont aussi récompensés par quelques bons points, fièrement exhibés lors des repas de famille dominicaux dans l'espoir d'obtenir quelques pièces. À force d'économies, celles-ci nous permettront d'acquérir soldats de plombs et Dinky Toys – inoubliables petites voitures en métal, fidèles reproductions des voitures de grands –, qui viendront se garer ou faire le plein dans le magnifique garage reçu à Noël.

Opération de l'armée française en Algérie.

La guerre d'Algérie

Le 1er novembre 1954, le Front de libération nationale (FLN) algérien lance plusieurs attaques sanglantes contre les Français d'Algérie. Ceux-ci sont près d'un million à y vivre depuis la prise d'Alger en 1830. Cette Toussaint rouge marque le début d'une guerre qui mettra longtemps à dire son nom, et plongera les deux côtés de la Méditerranée dans un drame dont les plaies seront profondes.
Aux attaques du FLN, le gouvernement réplique par une forte répression policière avant de faire appel à l'armée. En 1956, l'extension de la rébellion conduit le Parlement à voter les pouvoirs spéciaux au gouvernement, qui a désormais les mains libres pour mener la lutte anti-insurrectionnelle. Dans la foulée, le président du Conseil, Guy Mollet, fait appel au contingent. Dès lors, pendant six ans, les jeunes Français appelés sous les drapeaux partent combattre dans les Aurès ou le Constantinois.
Entre janvier et octobre 1957, les paras du général Massu engagent la bataille d'Alger. En dépit des succès remportés sur le terrain, la situation politique s'enlise. Persuadés d'être lâchés par le gouvernement, des pieds-noirs et certains militaires se radicalisent. Le 13 mai 1958, la foule envahit le siège du gouvernement général à Alger. Un Comité de salut public est formé, qui en appelle au général de Gaulle. Parallèlement, des unités de l'armée organisent l'opération « Résurrection », véritable putsch contre la IVe République. Pendant quelques jours, la métropole vit dans la crainte d'un débarquement de troupes venues d'Algérie.
Pour ramener le calme, le président de la République, René Coty, fait appel au

« plus illustre des Français » : le 1er juin, le général de Gaulle, nouveau président du Conseil, se voit confier les pleins pouvoirs par une Assemblée nationale en plein désarroi. Pendant que sonne déjà le glas de la IVe République, de Gaulle se rend à Alger d'où il lance le fameux « Je vous ai compris ».

Ce que le général a compris, c'est que la solution de la question algérienne sera politique et passera par des négociations avec le FLN. Cette nouvelle orientation lui aliène une partie de l'armée et surtout de certains Français, dont les éléments les plus extrêmes créent l'Organisation armée secrète (OAS) et déclenchent une vague d'attentats sanglants.

Dernier épisode d'un combat désespéré, en avril 1961, « un quarteron de généraux en retraite », Challe, Salan, Zeller et Jouhaud, tente de prendre le pouvoir en Algérie. L'administration locale et la majorité de l'armée refusent de les suivre.

Une fois l'ultime sédition vaincue, et malgré les actions sanglantes de l'OAS, de Gaulle peut enfin engager l'Algérie sur la voie de l'indépendance. Le 19 mars 1962, au lendemain de la signature des accords d'Évian, le cessez-le-feu est décrété entre le gouvernement français et les représentants du futur État algérien.

Le 1er juillet, la population française, lassée de huit années de guerre, approuve par référendum l'indépendance de l'Algérie, effective deux jours plus tard. Le dernier acte de cette tragédie sera le rapatriement de plusieurs centaines de milliers de pieds-noirs.

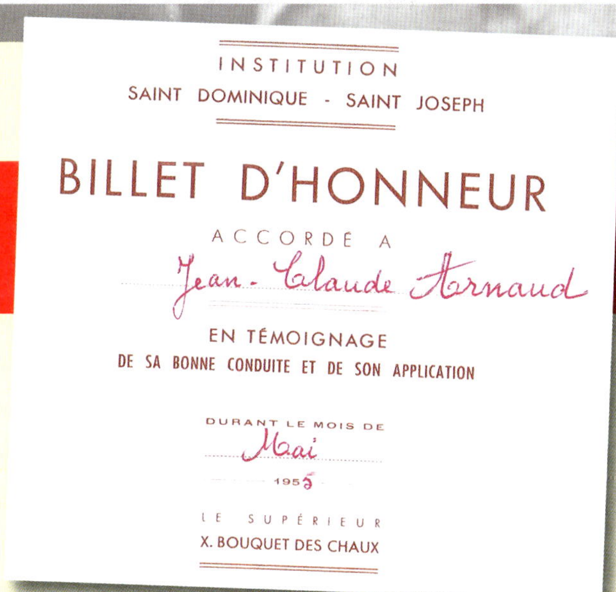

INSTITUTION
SAINT DOMINIQUE - SAINT JOSEPH

BILLET D'HONNEUR

ACCORDÉ A

Jean-Claude Arnaud

EN TÉMOIGNAGE
DE SA BONNE CONDUITE ET DE SON APPLICATION

DURANT LE MOIS DE
Mai
1955

LE SUPÉRIEUR
X. BOUQUET DES CHAUX

Billet d'honneur reçu pour bonne conduite et application.

La cloche a (enfin) sonné…

Le soir, passage obligé chez la marchande de bonbons, caramels et réglisse, avant de rentrer à la maison pour goûter et se plonger dans les devoirs. Révision des leçons, lignes d'écriture, ânonnement laborieux de fables illustrées par Benjamin Rabier : « Vous dansiez, euh… j'en suis fort aise et bien, euh… chantez maintenant. » Ah ben non, c'est le contraire !

Théâtre de guignol
le jeudi après-midi.

Un brin de toilette avant de passer à table. On joue encore un peu en écoutant distraitement les radio-crochets diffusés par Radio-Luxembourg. Puis, après manger, vient l'heure de se coucher, non sans avoir jeté un dernier coup d'œil aux images de mon album de Tintin consacré aux avions de guerre. Les images sont patiemment collectées en échange de chèques Tintin, sorte de points de fidélité que l'on pouvait trouver notamment sur des boîtes de farine, de semoule, de soupe...

« Un esprit sain dans un corps sain. » Le jeudi, jour de repos hebdomadaire, est souvent consacré aux organisations de jeunesse. Religieux comme les scouts ou les Cœurs vaillants, laïcs comme les Éclaireurs de France, ces mouvements de patronage organisent des activités de groupe visant, dans un cadre ludique, à développer les corps et les esprits.

Parmi elles, les séances de cinéma pendant lesquelles on projette un « film fixe », sorte de succession de diapositives : les images, photos ou dessins sur la vie d'un saint ou sur l'Évangile, sont alignées sur un rouleau de 35 mm.

En rentrant le jeudi soir, il nous reste parfois assez de temps pour improviser des matches de football dans la rue. Des portes de garage en guise de buts, un ballon au cuir usé jusqu'à la corde, et les gamins du quartier se démènent pour reproduire maladroitement les gestes de leurs idoles, dont les exploits sont retransmis à la radio ou relatés dans la presse spécialisée.

Faute de ballon, il est toujours possible d'organiser de véritables étapes du Tour de France à peu de frais : chaque participant est l'heureux entraîneur d'un petit cycliste en plomb et d'une bille. On trace un circuit dans un tas de sable ou dans les allées du square d'à côté, puis chacun à son tour lance sa bille dans le sillon du circuit et dépose son cycliste à l'endroit où elle s'est arrêtée. Le vainqueur est celui dont la bille est la première à franchir la ligne d'arrivée.

Un automne 56

Début 1956, la dénonciation par Khrouchtchev des crimes commis par Staline encourage la contestation dans les pays de l'Est. En Hongrie, le 23 octobre, sous la pression des manifestants, le Parti unique rappelle Imre Nagy au poste de président du Conseil alors que les troupes soviétiques viennent rétablir l'ordre. Nagy veut négocier avec l'URSS : il obtient le retrait des troupes soviétiques, abolit le système du parti unique et se retire du pacte de Varsovie. C'est le point de non-retour : la répression sera impitoyable. Le 4 novembre, les chars de Moscou entrent à nouveau dans Budapest. L'écrasement de l'insurrection fait 4 000 victimes. Quant à Imre Nagy, il sera pendu en 1958.
L'ordre règne à Budapest et le rideau de fer retombe sur la Hongrie, dans le silence assourdissant d'un Occident alors tourné vers le Proche-Orient.
En effet, le 26 juillet 1956, Nasser a nationalisé le canal de Suez et les biens de la compagnie qui l'exploite, dont les principaux actionnaires sont britanniques et français. Au début de l'année, l'Égypte a déjà fermé le canal aux navires israéliens. Quant à la France, elle reproche au Caire son soutien au FLN algérien. En août, Paris, Londres et Tel-Aviv signent un accord secret. L'objectif : renverser Nasser et reprendre le contrôle du canal. Le 29 octobre, Israël envahit le Sinaï. Le lendemain, comme convenu, Londres et Paris lancent un ultimatum aux belligérants pour qu'ils quittent la zone du canal. Nasser refuse et le 31 octobre, l'opération « Mousquetaire » est lancée. Début novembre, les Franco-britanniques prennent Port Saïd et fondent sur le canal pour rejoindre les Israéliens. Mais très vite, l'URSS menace les trois alliés du feu nucléaire. Lâchés par Washington qui réclame le retrait de leurs forces, ils doivent abandonner. Nasser triomphe.

Les chars soviétiques écrasent la révolte hongroise.

1957-1960

L'enfance de l'art

Spectacle de fin d'année : les gars de la marine.

Une question d'uniforme

Ça y est ! À la rentrée d'octobre, j'entrerai au collège. Je n'ai pas besoin de passer mon certificat d'études primaires, puisque ce dernier est réservé à ceux qui arrêtent leur scolarité à la fin de l'école primaire. L'école ne sera obligatoire jusqu'à seize ans qu'à partir de 1959. En attendant, à la fin de la dernière année de primaire, nous ne dérogeons pas à la règle immuable des fins d'année scolaire. Le spectacle de fin d'année est joué devant des familles émues aux larmes par les performances

Chronologie

Janvier 1957
Début de la bataille d'Alger. Le général Massu reçoit les pleins pouvoirs pour lutter contre la rébellion du FLN.

25 mars 1957
L'Allemagne, la France, l'Italie et le Benelux signent le traité de Rome : c'est la naissance de la Communauté économique européenne (CEE).

4 octobre 1957
Lancement par l'URSS du premier satellite artificiel de la Terre, *Spoutnik 1*.

1er juin 1958
Suite aux événements du 13 mai à Alger, le gouvernement du général de Gaulle obtient les pleins pouvoirs.

28 septembre 1958
Adoption par référendum de la Constitution de la Ve République.

11 septembre 1959
Jacques Brel enregistre « Ne me quitte pas ».

29 octobre 1959
Apparition d'Astérix le Gaulois dans le premier numéro du journal *Pilote*.

25 novembre 1959
Décès du comédien Gérard Philipe à l'âge de quarante-sept ans.

2 décembre 1959
Dans le Var, le barrage de Malpasset cède, faisant 423 morts.

1960
La plupart des colonies françaises d'Afrique noire obtiennent l'indépendance.

1er janvier 1960
Entrée en vigueur du nouveau franc : un nouveau franc vaut cent anciens francs.

13 février 1960
Explosion de la première bombe atomique française, Gerboise bleue.

14 mars 1960
Laisse les filles et T'aimer follement, premiers 45 tours de Johnny Hallyday.

16 mars 1960
Sortie de *À bout de souffle* de Jean-Luc Godard.

8 novembre 1960
John F. Kennedy est élu à la présidence des États-Unis.

Just Fontaine marque 13 buts lors de la Coupe du monde de football en 1958.

artistiques de leur progéniture. Deux mois de répétition, des heures passées à suer dans des costumes élimés par les représentations des vingt dernières années… Comme d'habitude, les grands montent des œuvres du répertoire classique, *Ruy Blas* ou *Les Fourberies de Scapin*, et les élèves des petites classes, habillés en pioupious, se contentent de former une chorale. J'avoue que cela ne m'a jamais réjoui de chanter *Maman les p'tits bateaux* dans un uniforme de marin tout droit sorti des opérettes de Francis Lopez.

En octobre 1957, nous découvrons le collège et un cortège de nouvelles matières. Il faut notamment se mettre à l'anglais : nous répétons « *My taylor is rich !* » comme un mantra, en prenant soin de bien placer la langue entre les dents.

Profession de foi.

À la fin de l'année de sixième, point de spectacle, mais quand même un nouvel uniforme à revêtir : l'aube de la profession de foi, apothéose d'une éducation religieuse digne de ce nom. Depuis le primaire, les enfants vont au catéchisme tous les jeudis matin et à la messe tous les dimanches, en famille. Les grandes réformes du concile Vatican II ne sont pas encore passées : le prêtre dit la messe en latin, le dos tourné aux fidèles. Il ne s'adresse à eux en français que lorsqu'il monte en chaire pour faire son sermon. Les hommes sont placés à droite de l'autel, les femmes à gauche, la tête couverte d'une mantille.

Après avoir docilement posé pour la photo officielle, l'air très recueilli, missel ouvert et chapelet délicatement déposé sur le velours du prie-Dieu, place aux réjouissances et… aux cadeaux. La profession de foi est une sorte de rite de passage qui dépasse le cadre strictement religieux, marquant l'entrée dans l'adolescence. C'est une des étapes quasi-obligatoires sur la route de la vie adulte, avec le mariage et le service militaire.

Heureusement, ni moi ni mon frère aîné n'avons encore l'âge de servir sous les drapeaux. Ceux qui n'ont pas cette chance partent pour la plupart

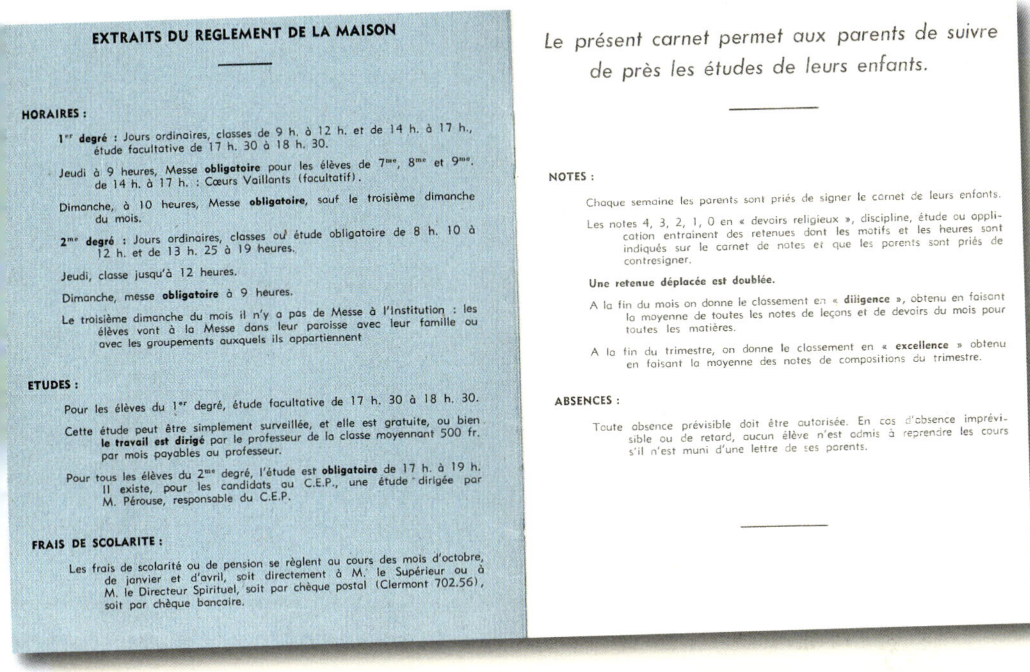

EXTRAITS DU REGLEMENT DE LA MAISON

HORAIRES :

1er degré : Jours ordinaires, classes de 9 h. à 12 h. et de 14 h. à 17 h., étude facultative de 17 h. 30 à 18 h. 30.

Jeudi à 9 heures, Messe **obligatoire** pour les élèves de 7me, 8me et 9me. de 14 h. à 17 h. : Cœurs Vaillants (facultatif).

Dimanche, à 10 heures, Messe **obligatoire**, sauf le troisième dimanche du mois.

2me degré : Jours ordinaires, classes ou étude obligatoire de 8 h. 10 à 12 h. et de 13 h. 25 à 19 heures.

Jeudi, classe jusqu'à 12 heures.

Dimanche, messe **obligatoire** à 9 heures.

Le troisième dimanche du mois il n'y a pas de Messe à l'Institution : les élèves vont à la Messe dans leur paroisse avec leur famille ou avec les groupements auxquels ils appartiennent

ETUDES :

Pour les élèves du 1er degré, étude facultative de 17 h. 30 à 18 h. 30.

Cette étude peut être simplement surveillée, et elle est gratuite, ou bien **le travail est dirigé** par le professeur de la classe moyennant 500 fr. par mois payables au professeur.

Pour tous les élèves du 2me degré, l'étude est **obligatoire** de 17 h. à 19 h. Il existe, pour les candidats au C.E.P., une étude dirigée par M. Pérouse, responsable du C.E.P.

FRAIS DE SCOLARITE :

Les frais de scolarité ou de pension se règlent au cours des mois d'octobre, de janvier et d'avril, soit directement à M. le Supérieur ou à M. le Directeur Spirituel, soit par chèque postal (Clermont 702.56), soit par chèque bancaire.

Le présent carnet permet aux parents de suivre de près les études de leurs enfants.

NOTES :

Chaque semaine les parents sont priés de signer le carnet de leurs enfants.

Les notes 4, 3, 2, 1, 0 en « devoirs religieux », discipline, étude ou application entrainent des retenues dont les motifs et les heures sont indiqués sur le carnet de notes et que les parents sont priés de contresigner.

Une retenue déplacée est doublée.

A la fin du mois on donne le classement en « **diligence** », obtenu en faisant la moyenne de toutes les notes de leçons et de devoirs du mois pour toutes les matières.

A la fin du trimestre, on donne le classement en « **excellence** » obtenu en faisant la moyenne des notes de compositions du trimestre.

ABSENCES :

Toute absence prévisible doit être autorisée. En cas d'absence imprévisible ou de retard, aucun élève n'est admis à reprendre les cours s'il n'est muni d'une lettre de ses parents.

Règlement intérieur.

servir en Algérie. Cette guerre – même si les journaux utilisent la plupart du temps le doux euphémisme d'« événements » –, chaque famille la vit de près. Autour de moi, beaucoup ont un frère, un ami, un fiancé de l'autre côté de la Méditerranée et vivent dans l'angoisse de la mauvaise nouvelle.

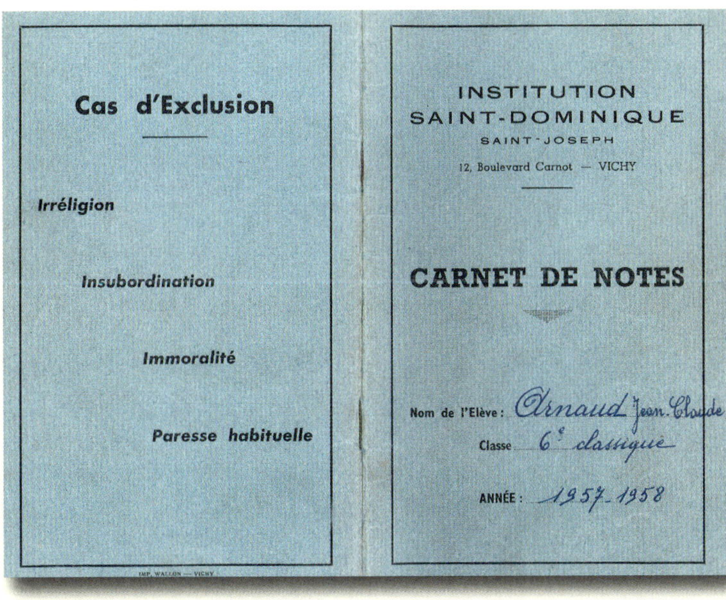

Cas d'Exclusion

Irréligion

Insubordination

Immoralité

Paresse habituelle

INSTITUTION SAINT-DOMINIQUE

SAINT-JOSEPH

12, Boulevard Carnot — VICHY

CARNET DE NOTES

Nom de l'Elève : Arnaud Jean-Claude

Classe 6e classique

ANNÉE : 1957-1958

On ne plaisante pas avec la discipline.

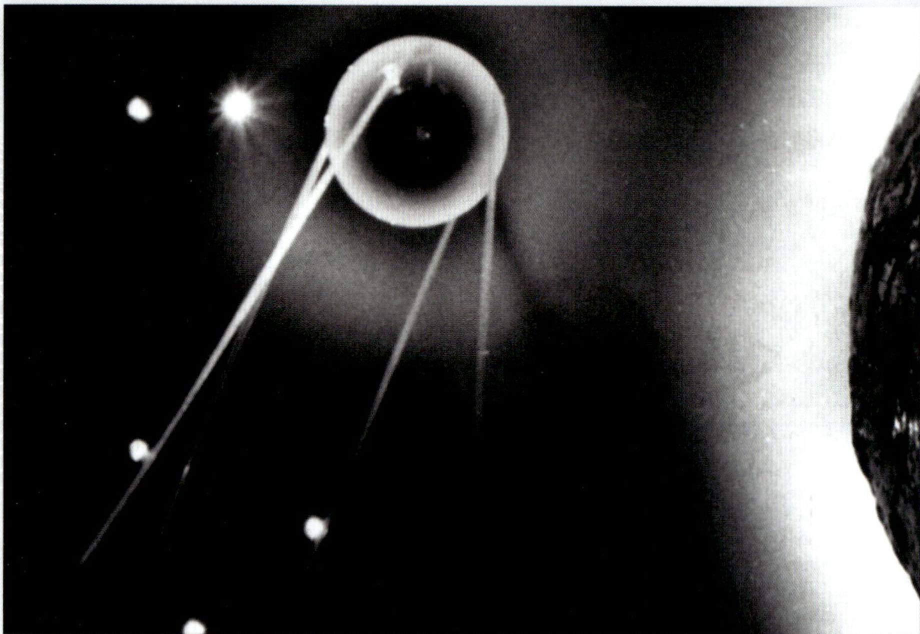

Spoutnik 1.

Duel pour les étoiles

Le 4 octobre 1957, le « bip » de Spoutnik 1 *résonne dans le vide sidéral. Pour la première fois, l'homme a mis un objet en orbite de la Terre, faisant ainsi les premiers pas de la conquête spatiale. Lorsque les antennes du petit satellite se déploient, l'espace est déjà devenu un enjeu de la guerre froide depuis dix bonnes années. Dès la fin de la seconde guerre mondiale, Américains et Soviétiques ont recruté des techniciens allemands ayant notamment travaillé à la mise au point du fameux V2. Premier missile balistique de l'histoire, il sert de modèle aux fusées mises au point par les deux grandes puissances dès la fin des années quarante.*

Spoutnik 1 *n'est que la première étape de la course aux étoiles et, moins d'un mois plus tard, les Soviétiques font de la chienne Laïka le premier être vivant à être mis en orbite. Triste privilège, puisque la pauvre bête ne survivra pas à son voyage. Très vite, les Américains répliquent en créant la NASA, dont la naissance coïncide avec la mise en orbite du premier satellite du programme Explorer. Cependant, les deux camps travaillent surtout à un projet plus ambitieux : l'envoi du premier homme dans l'espace. Côté américain, les astronautes du programme Mercury s'apprêtent à s'envoler vers les étoiles quand un nouveau coup de tonnerre éclate dans le ciel soviétique. Le 12 avril 1961, à bord de la capsule* Vostok 1, *le cosmonaute Youri Gagarine reste 108 minutes en orbite autour de la terre. Le 5 mai, les Américains ripostent en propulsant l'astronaute Alan Shepard hors de l'atmosphère. La voie est désormais ouverte aux vols spatiaux habités. Prochain objectif : la Lune, le premier à fouler son sol étant... Tintin, en 1954.*

Et Dieu… créa la femme.
Mais aussi Brigitte Bardot.

Des stars du grand écran aux dieux du stade

Le samedi soir est réservé aux sorties en famille, le plus souvent une séance de cinéma. Celle-ci commence par des documentaires et des dessins animés de Walt Disney ou de Tex Avery quand le film à l'affiche est américain. Puis, les actualités relatent les événements de la semaine : la guerre d'Algérie toujours et les crises politiques familières à la IVe République, côtoient des sujets plus légers comme les défilés de stars au festival de Cannes ou la remise du muguet au président de la République par les forts des Halles. Encore quelques bandes-annonces, les réclames présentées par le « Petit Mineur » et son célèbre « Balzac 00 01 ! », et le rideau s'ouvre enfin sur le film. Les westerns – *Règlement de compte à OK Corral*, *Rio Bravo* –, les films en costumes – *Ben Hur*, *Le Capitan* avec Jean Marais et Bourvil – et les comédies comme *Le Triporteur* ou *Zazie dans le métro*, remportent tous les suffrages.

Surtout, il y a les stars que l'on peut admirer dans *Paris Match* ou *Cinémonde*. À l'époque, si devant les copains je ne cache pas mon admiration pour Gary Cooper ou John Wayne, j'en pince aussi pour Grace Kelly et Ava Gardner. Je connais mes premiers émois en admirant les formes avantageuses de Gina Lollobrigida et le déhanchement de Brigitte Bardot dans *Et Dieu… créa la femme*.

Le dimanche après-midi, on se rend au stade municipal pour applaudir les exploits des footballeurs et autres rugbymen. Les équipes qui s'affrontent sur le pré appartiennent à des clubs devant leur existence à des patronages laïcs ou religieux, à des associations de quartier ou à des entreprises. Loin des querelles de clocher, la France entière se passionne pour Alain Mimoun et la victoire du XV de France de Lucien Mias dans le Tournoi des Cinq nations en 1959.

Étape de montagne du Tour de France en 1959.

En juillet, les foules envahissent le bord des routes pour encourager les champions du Tour de France, voir passer les reporters sur leur moto, la caravane publicitaire et Yvette Horner qui, coiffée d'un sombrero et juchée sur le toit d'une Traction Avant, égaye l'étape avec son accordéon. Le reste de l'année, on se presse dans les vélodromes, pour encourager les cyclistes qui tournent pendant des heures sur la piste des Six jours.

Le petit train de l'interlude

C'est également grâce au sport que la télévision est entrée dans notre salon. En effet, mon père a décidé d'investir dans un poste afin de pouvoir suivre la Coupe du monde de football 1958, qui se déroule en Suède. Jusque-là, il fallait se rendre en famille chez mes grands-parents pour regarder « La Piste aux étoiles » ou « 36 chandelles ». Désormais, nous pourrons bondir de joie à chacun des treize buts marqués par Just Fontaine pendant la compétition. Ceux qui ont la chance de pouvoir s'offrir un téléviseur organisent de véritables réceptions, auxquelles ils invitent voisins et amis à venir regarder la dernière dramatique produite par la RTF.

Si la télévision n'est plus réellement une nouveauté, elle a toutefois gardé quelque chose de magique. Pour certains de nos aînés, elle reste un objet mystérieux, à tel point qu'il n'est pas rare de voir des personnes âgées revêtir leurs habits du dimanche avant de s'installer devant le récepteur. Puisqu'ils peuvent voir « le monsieur dans le poste », il n'y a pas de raison que celui-ci ne les voie pas !

On regarde donc la télévision en famille, aussi religieusement que lorsqu'on va au spectacle : dans le noir, « façon cinéma ». On attend que la pendule qui sert de mire pour régler l'appareil laisse place au journal télévisé ou à la retransmission en direct du concours Eurovision de la chanson. Comme il n'y a qu'une chaîne, pas de risque de bagarre pour le choix des programmes et chacun, selon ses goûts, profite des rendez-vous hebdomadaires avec ses émissions préférées.

Comme tous mes camarades, j'ai un faible pour les héros de feuilletons, dont les aventures génèrent, dès le lendemain de leur diffusion, des scènes homériques dans la rue et les cours d'écoles. Nous sommes plus d'un à avoir récolté un cocard après s'être essayés au maniement du lancer de caillou, façon « Thierry la Fronde ». Et que dire des innombrables accidents de bicyclettes, improbables destriers servant aux reconstitutions vélocipédiques de tournois moyenâgeux, inspirées des aventures d'Ivanhoé. Les blessés s'en sortant bien sûr avec beaucoup moins de flegme que Roger Moore… pour le plus grand bonheur des marchands d'éosine et de pommade à l'arnica, cette crème grasse et beige à l'odeur si particulière.

Très petit écran promis à un très grand avenir.

La civilisation de l'automobile : embouteillage à Paris.

D'une République à l'autre

En 1945, à la Libération, la IIIe République est rendue responsable de la défaite de 1940 et discréditée. Il est nécessaire de créer de nouvelles institutions. L'élaboration d'une nouvelle Constitution se révèle difficile en raison des divergences entre les trois principaux partis politiques en place (PCF, MRP et SFIO) et le général de Gaulle, alors président du gouvernement provisoire de la République française (GPRF).

Après la démission du général, le 20 janvier 1946, le PCF et la SFIO, majoritaires à l'Assemblée, présentent un projet de Constitution rejeté par référendum. Le second projet, adopté le 13 octobre avec 53,5 % de « oui », marque la naissance de la IVe République.

Selon la nouvelle Constitution, le président de la République est élu pour sept ans par le Parlement. Son rôle est surtout honorifique, puisque le pouvoir exécutif est exercé par le président du Conseil. Investi par l'Assemblée nationale, celui-ci forme le gouvernement et conduit la politique du pays.

Le pouvoir législatif est exercé par un Parlement bicaméral : l'Assemblée nationale, élue au suffrage universel direct pour cinq ans, vote les lois, contrôle et renverse les gouvernements. Le Conseil de la République, élu au suffrage indirect, est surtout chargé de ratifier les textes votés par l'Assemblée. Ces nouvelles institutions sont si proches de celles de la IIIe République qu'elles souffriront des mêmes maux, à savoir une instabilité gouvernementale chronique (vingt-quatre gouvernements dirigés par seize présidents du Conseil) qui finit par les paralyser. De plus, le mode de scrutin proportionnel choisi pour l'élection des députés favorise l'existence de blocs, dont les alliances incertaines favorisent l'instabilité gouvernementale.

Toutefois, en dépit de ces tares structurelles, la IVe réussit à mener à bien la reconstruction. Une fois celle-ci achevée, les politiques menées par Antoine Pinay et Edgar Faure maintiennent le pays dans un cycle ininterrompu de croissance économique. Le régime réussit également à conduire une politique sociale ambitieuse, avec la création de la Sécurité sociale universelle et l'instauration d'une troisième semaine de congés payés.

Cependant, la IVe République se révèle beaucoup trop fragile. L'opposition systématique du PCF, du Rassemblement du peuple français (RPF) fondé par de Gaulle, puis celle du poujadisme, obligent les autres partis à gouverner en s'appuyant sur des coalitions instables.

En 1958, la guerre d'Algérie achève une IVe République déjà moribonde. Le 13 mai, à Alger, des émeutiers soutenus par certains généraux créent un Comité de salut public et exigent le retour du général de Gaulle. Ce dernier, « prêt à assurer les pouvoirs de la République », est investi président du Conseil le 1er juin. Disposant des pleins pouvoirs pour six mois, Charles de Gaulle fait rédiger un projet de Constitution adopté à une large majorité par référendum. Le 21 décembre 1958, il sera élu premier président de la Ve République avec 78,50 % des voix.

Les vacances au bord de la mer.

Les joies des sports d'hiver.

Il y a le ciel, le soleil et la mer

« Nationale 7 / Il faut la prendre qu'on aille à Rome à Sète / Que l'on soit deux trois quatre cinq six ou sept / C'est une route qui fait recette... »

(« Route Nationale 7 », Charles Trenet.)

C'est les vacances ! À nous la mer et le ciel bleu ! Depuis que le gouvernement a instauré une troisième semaine de congés payés, les mois de juillet et d'août voient déferler des milliers d'estivants sur la Côte d'Azur. La réalité est moins idyllique que dans la chanson du « Fou chantant ». Au mois d'août, la Nationale 7 signifie surtout près de mille kilomètres de bouchons entre Paris et la Côte d'Azur, via la vallée du Rhône. Des heures d'embouteillages et des milliers de voitures chargées jusqu'au toit de valises et de malles. On ne compte plus les véhicules arrêtés sur le bas-côté, dont le conducteur vocifère au-dessus du capot levé, d'où s'échappe la vapeur d'un radiateur agonisant.

Dans les années cinquante, les vacances sont en effet inimaginables sans automobile : plus performantes, plus solides, la modernisation des chaînes de fabrication et l'augmentation du pouvoir d'achat ont aussi rendu les nouvelles voitures beaucoup plus abordables. Les 2CV et 4CV, la Citroën DS et la 403 Peugeot, la Renault Dauphine et la Fiat 500, autant de modèles mythiques qui roulent de plus en plus nombreux sur un réseau routier de plus en plus dense.

L'emblématique Citroën 2CV.

Les autres moyens de transport ont également bénéficié de véritables progrès techniques. Dans les transports ferroviaires, les locomotives à vapeur disparaissent au profit des motrices diesel ou électriques. Là encore, on entre dans l'âge de la vitesse : *Le Mistral* relie Paris à Nice en seulement neuf heures ! De la même manière, les voyages aériens deviennent plus courants, moins longs et surtout plus sûrs. Dans les années cinquante, le développement de divers appareils comme le Lockheed Constellation, le Breguet Deux-Ponts, puis d'avions à réaction – le Boeing 707 puis la Caravelle –, favorisent l'émergence d'un tourisme aérien de masse. Enfin, pour ceux qui en ont les moyens, on peut toujours s'offrir une croisière transatlantique à bord du paquebot *France*, qui relie Le Havre à New York en moins d'une semaine.

Une fois arrivés, on ne rêve que de se jeter à l'eau, histoire de se rafraîchir. Il faut pourtant attendre encore un peu, le temps de déballer les affaires à l'hôtel ou de monter la tente.

Enfin, c'est la plage, ses cabines de bain, ses châteaux de sable et les glaces à l'eau des vendeurs ambulants. On en profite pour utiliser pour la première fois la caméra Super 8 familiale, et faire des petits films de souvenir qu'on se repassera pendant les longues soirées d'hiver.

Si la Côte d'Azur remporte tous les suffrages, c'est évidemment pour son climat, mais aussi parce que de nombreuses stars du cinéma ont jeté leur dévolu sur des petits villages de la région, comme Saint-Tropez, petit village de pêcheurs devenu en quelques années le point de chute estival du Tout-Paris.

Quant à moi, j'évite le plus souvent les plages et les routes bondés sans pour autant éviter le déferlement des touristes, même si ceux qui débarquent chez nous sont d'un genre un peu particulier. En effet, mes parents sont propriétaires d'un hôtel et tous les ans, de mai à octobre, ils accueillent les curistes venus « prendre les eaux » à Vichy.

SLC – Salut les copains

Le 19 octobre 1959, Europe N°1 lance une émission de variétés qui deviendra le symbole de la génération yéyé : « Salut les copains ». Créée par Frank Ténot et Daniel Filipacchi, diffusée du lundi au vendredi entre 17 et 19 heures, elle propose pour la première fois aux adolescents la musique qu'ils aiment.
Rapidement, l'émission devient très populaire grâce à ses rubriques – gros plans, coups de chapeau, chouchou, hit-parade –, qui permettent aux auditeurs de découvrir tous les jours de nouveaux artistes. SLC reste aussi célèbre pour ses jingles et ses indicatifs, dont « Last night », morceau instrumental des Mar-Keys.
En 1962, dans le prolongement de l'émission du même nom, naît le magazine Salut les copains *qui tirera jusqu'à un million d'exemplaires. La revue est consacrée aux idoles de la chanson, qui se prêtent complaisamment, à coup d'interviews exclusives, à la diffusion de « scoops » sur leur vie privée. Le mensuel doit en partie sa renommée aux photos de Jean-Marie Périer, dont la plus célèbre réunira 47 idoles sur une double page du numéro d'avril 1966.*
Le 22 juin 1963, afin de célébrer le premier anniversaire du magazine, Daniel Filipacchi et Europe N°1 organisent un concert gratuit place de la Nation à Paris. En quelques heures, 150 000 « copains » s'agglutinent autour du podium dans une ambiance hystérique. Le lendemain, une partie de la presse se lance dans une critique radicale de la « folle nuit de la Nation » et dans Le Monde, *Edgar Morin parlera pour la première fois du « temps des yéyés ». Le fossé se creuse entre les générations, dessinant les prémices d'un joli mois de mai…*

Rock'n'roll sur les quais de la Seine.

Tous les **garçons** et les **filles** de mon âge...

1961-1964

Gravures de mode.

L'âge ingrat

Quinze ans : l'âge bête. L'heure de la grande rébellion, de la crise d'adolescence, des querelles incessantes avec les parents. Un conflit de générations et une incompréhension mutuelle qui débouchent notamment sur des « débats » culturels houleux. Quand on considère que Charles Aznavour et Gilbert Bécaud sont des artistes

Chronologie

12 avril 1961
À bord du vaisseau *Vostok 1*, le cosmonaute soviétique Youri Gagarine devient le premier homme à être envoyé dans l'espace.

16-20 avril 1961
Échec du débarquement de la baie des Cochons, tentative d'invasion de Cuba par des commandos anticastristes.

12-13 août 1961
Début de l'édification du mur de Berlin.

1er juillet 1962
Premier numéro du magazine *Salut les copains.*

5 juillet 1962
À la suite des accords d'Évian, l'Algérie proclame son indépendance.

5 août 1962
Décès de Marilyn Monroe.

11 octobre 1962
Le pape Jean XXIII ouvre le concile Vatican II.

16-28 octobre 1962
Crise des missiles de Cuba.

22 janvier 1963
Le général de Gaulle et le chancelier Konrad Adenauer signent le traité de l'Élysée, scellant ainsi la réconciliation entre la France et l'Allemagne.

11 octobre 1963
Jean Cocteau et Édith Piaf meurent à quelques heures d'intervalle.

3 novembre 1963
Diffusion du premier épisode de « Thierry la Fronde ».

22 novembre 1963
Assassinat du président John F. Kennedy par Lee Harvey Oswald à Dallas.

18 avril 1964
Lancement officiel de la deuxième chaîne de télévision française.

12 juin 1964
Nelson Mandela est condamné à la détention à perpétuité.

2 août 1964
Incident du golfe du Tonkin : les États-Unis interviennent au Vietnam.

10 décembre 1964
Jean-Paul Sartre refuse le prix Nobel de littérature.

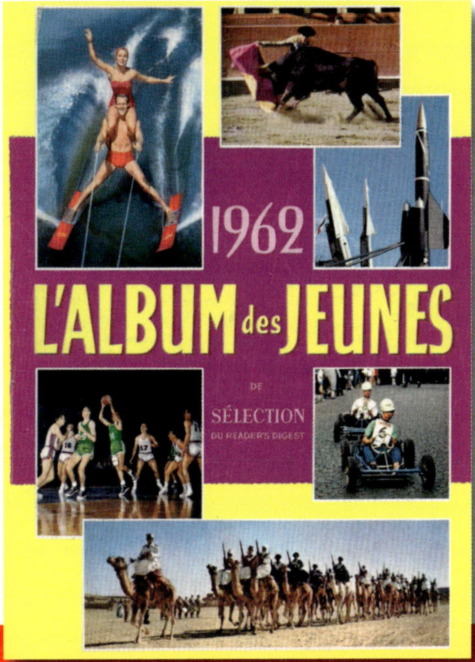

L'album des jeunes de 1962.

Comment ne pas lui demander sa main ?

sulfureux, voire immoraux, alors comment ne pas voir Elvis Presley ou Johnny Hallyday comme des « extra-terrestres », des voyous bons pour la maison de correction.

Les murs des chambres des adolescents se couvrent des portraits de leurs idoles.

Pensez-vous : des jeunes gens déchaînés brisent les fauteuils du Golf Drouot pendant les concerts de leurs idoles. Les journaux ne manquent pas de fustiger ces « sauvages », ces bandes de blousons noirs qui « terrorisent » les bonnes gens – comprendre les amateurs de voix roucoulantes de chanteurs brillantinés, style Tino Rossi ou Luis Mariano.

En fait de blousons noirs, si l'on excepte quelques jeunes délinquants et des rixes entre bandes de quartier, on est loin des Apaches du début du siècle. Tous ces gamins qui rêvent de Harley Davidson en se prenant pour James Dean ou Marlon Brando dans *L'Équipée sauvage*, se contentent généralement de patrouiller l'air renfrogné au guidon de leur solex ou de recoiffer leur banane gominée en sifflant les filles.

En réalité, un véritable fossé s'est creusé entre notre génération et celle de nos parents. Depuis la fin de la guerre, la société a très rapidement évolué. Les mœurs d'aujourd'hui ne sont plus ceux d'il y a vingt ans, et ce changement se traduit pour la jeunesse par une incroyable soif de liberté et une réelle volonté d'exister. Jusque-là, nous n'avions pas le droit à la parole. Combien de fois avons-nous entendu au cours d'un repas dominical l'implacable sentence : « De mon temps, les enfants ne parlaient pas à table. »

Il y a non seulement un rejet de l'autorité parentale propre à l'adolescence, mais également une volonté naissante de battre en brèche la morale que la France du général de Gaulle nous impose. Le modèle transmis par nos parents ne correspond plus à nos attentes, et cette révolte encore latente se transformera quelques années plus tard en une véritable révolution.

Le Scopitone

Au début des années soixante, à côté des flippers et des baby-foot, la plupart des bars accueillent une machine d'un genre un peu particulier : le Scopitone.
Conçu par l'ingénieur Frédéric Mathieu et fabriqué en France par la société Cameca, l'appareil consiste en un juke-box associant le son à l'image. Généralement construit à grand renfort de chrome et de Formica, il contient trente-six films. Pour quelques francs, et alors que la télévision en est toujours au noir et blanc, le Scopitone joue des petits films en couleurs, également baptisés « scopitones », d'une durée de trois ou quatre minutes et le plus souvent tournés au format 16 mm. Véritables ancêtres du vidéoclip, ils mettent en scène les grands noms de la chanson. On peut ainsi découvrir les idoles des yéyés, de Johnny Hallyday à Franck Alamo en passant par les Chaussettes noires, mais aussi des stars américaines comme Paul Anka ou Frank Sinatra. Plus surprenant, on propose également des sketches de comiques comme Pierre Dac ou Fernand Raynaud.
Côté réalisation, si Andrée Davis-Boyer, alias Mamy Scopitone, restera la metteuse en scène la plus prolifique avec environ 500 films à son actif, de nombreux réalisateurs y ont fait leurs premières armes. Parmi eux, on retiendra surtout Claude Lelouch qui en a réalisé plusieurs dizaines, dont celui du fameux tube de Claude François « Belles, belles, belles » en 1962. Les films sont souvent tournés en deux ou trois heures, en décor naturel, avec des budgets dérisoires qui obligent les réalisateurs à rivaliser d'inventivité. Si certains films sont particulièrement kitsch, d'autres, en revanche, sont de véritables petits courts-métrages, avec un vrai scénario.

Le temps des copains.

C'est ma première surprise-party…

Tous les soirs en sortant du lycée, nous nous dirigeons vers le café du coin, dont les tables en Formica et les banquettes en simili cuir rouge meublent le quartier général des jeunes du quartier. C'est là que l'on retrouve les filles pour quelques parties de flipper autour d'un Coca-cola ou d'un Cacolac. Il y a toujours quelqu'un pour mettre une pièce dans le juke-box ou le Scopitone et lancer le dernier 45 tours des Chaussettes noires ou de Richard Anthony.

Le jeudi et le samedi après-midi, ce sont les mêmes vinyles qui tournent sur les « pick-up » portables Teppaz, dans les surprises-parties ou « sur' pat' ». Twist, rock, madison, mashed potatoes, on rivalise pour se déhancher sur les rythmes à la mode. La mode, parlons-en : elle change tous les quinze jours en fonction des nouveaux tubes entendus dans « Salut les Copains ». Il est encore plus facile d'écouter le programme phare d'Europe N°1 depuis que nous avons judicieusement investi notre argent de poche dans un des tous premiers modèles de transistor portable, que nous promenons partout avec nous.

Pris sur le vif.

À l'occasion des « sur' pat' » organisées dans les garages des uns et des autres, on flirte gentiment car les parents ne sont jamais bien loin. Pour se libérer de ces encombrants chaperons, il faut attendre le soir et partir draguer en se trémoussant dans les bals populaires, les dancings ou les fêtes foraines.

Le pick-up, élément essentiel d'une « sur' pat' » réussie.

Je ne reconnais plus personne…

Les cinéphiles préféreront emmener leurs conquêtes dans les salles obscures pour voir les derniers films de la Nouvelle Vague. Godard, Truffaut et consorts révolutionnent alors le 7e art aussi sûrement qu'Elvis Presley a, à tout jamais, changé le cours de l'histoire de la musique.

Avant de sortir, il s'agit de bien soigner son look. On s'habille en fonction de son milieu, mais surtout des modes, le plus souvent importées des États-Unis et de Grande-Bretagne – en particulier depuis l'émergence du *swinging London* et les premiers succès des Beatles. Boots en cuir, blazer bleu marine, cravate, blue-jeans et imperméable Burberry, forment la panoplie du parfait joli cœur. Les cheveux sont moins courts et des pattes se dessinent sur les tempes.

Il ne reste plus qu'à raser le maigre duvet surlignant la lèvre supérieure à grand renfort d'aftershave « emprunté » dans l'armoire de toilette paternelle, et nous voilà fin prêts pour aller au bout de la nuit. Dernier accessoire essentiel, le vélomoteur, grâce auquel on enlèvera sa dulcinée.

Belles, belles, belles, comme le jour

Les premières filles que l'on fréquente assidûment sont des petites voisines ou les sœurs de copains. Celles dont on a tiré les couettes quelques années auparavant ont bien grandi. Elles ont troqué leur robe de petite fille pour des pantalons ou une jupe qui remonte parfois bien haut au-dessus du genou ; elles portent des bas et des escarpins, se maquillent et dansent le twist aussi bien qu'elles jouaient à la marelle. Des « dévergondées », des « petites grues » comme dit ma grand-mère, outrée quand elle voit une femme fumer dans la rue et au bord de la crise d'apoplexie si elle aperçoit un jeune couple s'embrasser en public.

Pourtant, les dévergondées en question restent des jeunes filles de seize, dix-sept ans. Et si elles fument dans les soirées, c'est avant tout pour se donner une contenance – comme les garçons du reste, qui, dans un coin de la salle, roulent des mécaniques mais n'en mènent pas large. On se cherche, on s'observe, et petit à petit la piste se remplit de danseurs.

On se retrouve autour d'un verre.

À faire rougir les rosières d'antan.

Au cours de la soirée, des couples se forment puis s'éclipsent discrètement en Vespa pour aller flirter. Sous le regard envieux de ceux qui restent à « faire banquette » pendant les slows.

Flirter, pourquoi pas, mais attention à ne pas « fauter ». Le Planning familial n'existe pas encore, la contraception, qui se résume le plus souvent à la méthode Ogino, reste réservée aux femmes mariées, et l'avortement est strictement interdit. Or se retrouver « fille-mère » n'a rien d'enviable : ce mot est souvent synonyme de mauvaise réputation et complique douloureusement la vie de la jeune maman non mariée. Ainsi, il est fortement conseillé aux couples qui se retrouvent dans cette situation de passer rapidement devant messieurs le maire et le curé, en espérant que ce dernier saura se montrer tolérant.

À l'époque on se marie assez jeune, et il est courant que la jeune fille rencontrée un beau soir de printemps devienne, après quelques mois de fiançailles et parfois dix-huit mois de service militaire, une jeune épouse et une future mère de famille. De fait, les jeunes femmes ont plutôt intérêt à se marier jeunes si elles ne veulent pas « coiffer Sainte Catherine » l'année de leurs vingt-cinq ans.

ALLISTIC MISSILE BASE IN CUBA

De l'apocalypse à la détente

Le 14 octobre 1962, un avion américain survole Cuba et photographie notamment plusieurs dizaines de rampes de lancement de missiles nucléaires, installés par les Soviétiques et capables d'atteindre les États-Unis.
Trois ans plus tôt, en janvier 1959, Fidel Castro a renversé le dictateur pro-américain Fulgencio Batista. Se disant socialiste et anti-impérialiste, il nationalise bientôt les biens des entreprises américaines. La riposte des États-Unis sera brutale : le 17 avril 1961, appuyés par la CIA, un millier de Cubains anti-castristes débarquent dans la baie des Cochons. L'échec de l'opération et l'embargo mis en place quelques mois plus tard par l'administration Kennedy, poussent définitivement Castro dans les bras des Soviétiques. Le 24 octobre 1962, alors que des cargos aux cales remplies de missiles et des sous-marins voguent vers Cuba, Washington décrète le blocus naval de l'île.
Le 28, la tension est à son paroxysme quand un sous-marin soviétique est à deux doigts de tirer sur les vaisseaux de l'US Navy lancés à sa poursuite. Le 29, les Soviétiques font demi-tour, puis Moscou annonce le retrait des missiles. En contrepartie, les États-Unis s'engagent à ne pas envahir Cuba et à retirer leurs fusées nucléaires de Turquie.
Si Kennedy sort grandi de la crise, Khrouchtchev sera limogé le 14 octobre 1964. Paradoxalement, la crise des missiles ouvre une période de détente. Afin d'éviter que semblable situation ne dégénère en nouveau conflit mondial, les deux grandes puissances décident de mettre en place un « téléphone rouge », une ligne directe entre la Maison Blanche et le Kremlin.

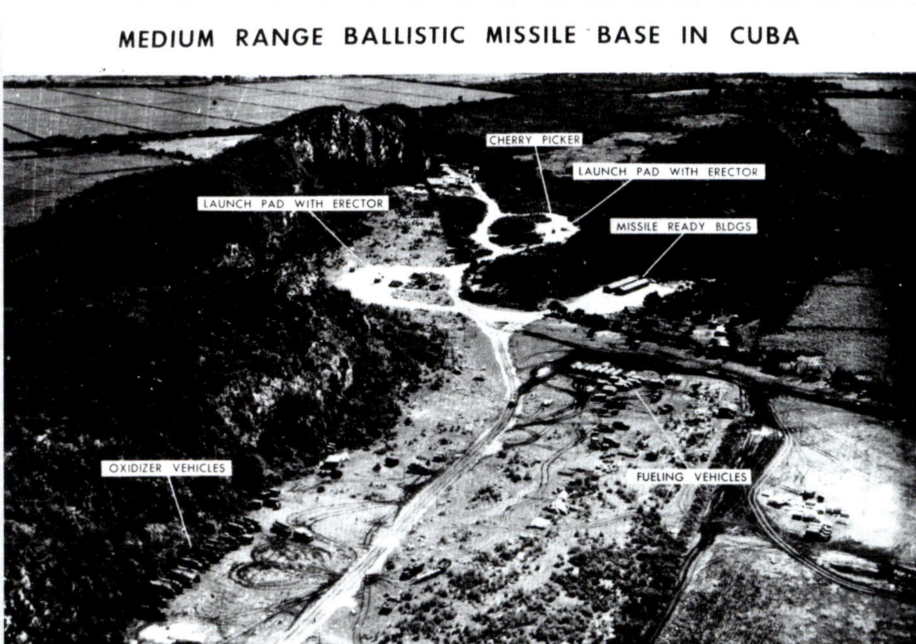

Photo aérienne des sites de missiles soviétiques installés à Cuba.

Dix-huit ans de faits divers

Marcel Petiot

À la fin de la guerre, les procès de l'épuration accaparent la chronique judiciaire jusqu'à la découverte de l'affaire Petiot.
Pendant l'Occupation, le médecin Marcel Petiot a installé son cabinet dans un hôtel particulier parisien. C'est là que le « bon docteur » administre à sa clientèle un « traitement spécial ». Petiot prétend en effet offrir à ceux qui cherchent à fuir les nazis, les moyens de quitter clandestinement la France. Il donne donc rendez-vous chez lui à des candidats au départ, familles juives ou petits malfrats, munis de quelques effets personnels et d'objets de valeur. Mais le voyage s'arrête au sous-sol de l'hôtel particulier, où les malheureux sont assassinés et leurs corps incinérés. Incommodés par l'odeur qui s'échappe des cheminées, les voisins finissent par alerter les pompiers. Lorsque ceux-ci découvrent la macabre industrie du médecin, Petiot s'est déjà enfui.
Mais il est finalement arrêté, et son procès s'ouvre en mars 1946. Accusé de 27 assassinats, il en revendique une soixantaine. Condamné à mort, il est guillotiné le 25 mai 1946 à la prison de la Santé.

La « bonne dame de Loudun »

Une autre affaire criminelle va tenir les Français en haleine pendant plus de dix ans. Le 21 juillet 1949, Marie Besnard, surnommée la « bonne dame de Loudun », est accusée d'avoir empoisonné douze personnes, dont ses parents et son mari Léon. À la mort de Léon, en 1947, une amie du couple assure l'avoir entendu dire que Marie lui a servi une soupe contenant un produit suspect. La rumeur arrive aux oreilles de la justice, qui fait exhumer le corps du défunt. Le médecin légiste y décèle un taux anormalement élevé d'arsenic. Il n'en faut pas plus pour faire de Marie Besnard une adepte du « bouillon de onze heures » : bientôt, toutes les morts survenues dans son entourage deviennent suspectes.
D'abord incarcérée – Charles Trenet proposera de payer sa caution –, elle est finalement renvoyée devant les assises. Les ragots vont bon train concernant le mobile, de l'argent des héritages à la passion qu'elle aurait entretenue avec un prisonnier allemand.
Trois procès, un défilé d'experts qui se contredisent, des témoignages qui relèvent du commérage et, surtout, l'exhumation à trois reprises de tous les proches décédés : Marie Besnard est finalement acquittée le 12 décembre 1961.

L'affaire Dominici

Le 5 août 1952, une famille anglaise, les époux Drummond et leur fille, sont retrouvés assassinés à Lurs, dans les Alpes de Haute-Provence. Les meurtres ont eu lieu à proximité de la ferme de la famille Dominici. D'enquête en contre-enquête, tous les hommes de la famille sont tour à tour soupçonnés jusqu'à ce que le patriarche, Gaston Dominici, soit renvoyé devant les assises.

Le procès de Marie Besnard en 1954.

Accusé par ses fils Gustave et Clovis, il avoue les meurtres puis se rétracte. Il est finalement condamné à mort en novembre 1954. Sa peine sera commuée par le président Coty, puis il sera gracié par le général de Gaulle en 1960.
Il décèdera en 1965 sans que sa culpabilité ait été établie et sans que le meurtre des Drummond ait été élucidé.

Lucien Léger
Le 27 mai 1964, on découvre dans les bois de Verrières-le-Buisson, dans l'Essonne, le corps mutilé de Luc Taron, un enfant âgé de onze ans.
Pendant un mois, la police, la presse et la famille de la victime reçoivent des lettres anonymes, dont l'auteur, qui se surnomme « L'étrangleur N°1 », revendique être l'auteur du meurtre.
Le 5 juillet, Lucien Léger est arrêté. Il avoue avant de se rétracter et d'accuser un certain Monsieur Henri qui lui aurait confié être à l'origine du crime. Jugé en 1966, il sera condamné à la réclusion criminelle à perpétuité.

La publicité envahit les murs des villes.

Pour moi la vie va commencer…

Je vais bientôt avoir dix-huit ans, mais la question du mariage est le cadet de mes soucis. De toute manière, je me vois mal convoler avant d'avoir trouvé une « situation ». Bien sûr, à cet âge nous ne sommes plus considérés comme des enfants et nous pourrons bientôt nous marier et passer notre permis de conduire. Mais bizarrement, à dix-huit nous ne serons pas majeurs aux yeux de la loi, et il nous faudra attendre nos vingt-et-un ans pour obtenir le droit de vote.

On approche du terme de la scolarité et il est temps pour chacun de faire des choix. Certains travaillent déjà à l'usine après un ou deux ans d'apprentissage. D'autres, après avoir passé leur baccalauréat, poursuivront des études supérieures à l'université ou prépareront les concours d'entrée dans les grandes écoles. Les indécis pourront toujours réfléchir à leur avenir professionnel sous les drapeaux. De mon côté, après le collège, je suis entré au lycée technique. J'y suis des cours pratiques (dactylographie, comptabilité) qui me permettent d'acquérir des connaissances exigées dans les écoles hôtelières.

Je ne suis pas trop inquiet à l'idée de chercher du travail. Avec un taux de croissance économique proche des 10 %, le taux de chômage est au plus bas et le gouvernement doit même faire appel à une importante main-d'œuvre immigrée pour pallier le manque de bras dans l'industrie et le bâtiment. Chaque année, des milliers d'ouvriers, venus principalement d'Afrique du Nord et du Portugal, débarquent donc en France pour construire de grands ensembles d'habitations ou faire tourner les chaînes de fabrication des constructeurs automobiles.

Le plus difficile pour moi sera de quitter mes parents et mes amis pour partir faire mes études. Je vais enfin pouvoir voler de mes propres ailes et apprendre à me débrouiller tout seul – faire la lessive, le repassage, les courses – sans l'aide précieuse de ma mère.

Le grand départ...

Ça y est, nous voilà adultes. Bien des années plus tard, nous nous souviendrons de notre enfance comme d'une époque bénie où, en dépit des nombreuses crises que nous avons dû traverser, nous étions prêts à croquer à pleines dents dans un avenir qui s'annonçait radieux.

Un rien hippie, une fleur dans les cheveux.